U0064682

太極拳透視

高層次之領悟

眾妙之門．中卷 4

陳傳龍 著

目錄

陳傳龍

無招無式，勁力渾生。
周身一氣，純任自然。

代序—言太極拳乃意氣

十三勢歌云:「若言體用何為準?意氣君來骨肉臣。」這是言太極拳,言太極拳是意氣為主體,而非骨肉。體是實體,是工具;用是使用,正如飛機是體,駕駛飛機是用。這也是在說,太極拳是意氣,而非有形的肢體。拳術不外體與用,具體說明了太極拳的實體形象。

意是人的思想,氣是人體內氣,是與生俱來的先天氣,人人生來都有,是人體的潛能,平時不為人知,但是生命的泉源,即是所謂的元氣、宗氣、真氣,經由意的啟動,而能令人感覺與運用,即是內功的修習。由於氣由意的啟動而能運用,有意而能有氣之用,意與氣一體相連,而言意氣,由於有心與神而能有意,所以所謂意,實是心神意,是精神面的力量。由於太極拳的體與用全是意氣,所以經譜歌訣言太極拳都言意氣。

十三勢歌是太極拳的經典歌訣,旨在說明太極拳的本義形象,意氣的能量乃是勁,所以所謂太極拳者,實是心神意氣勁,是形而上的拳術,非有形的外在肢體。由於體用全是意氣而非肢體,所以太極拳是棄有形的肢體不用的,這從太極拳的拳法要求就可知道。學過太極拳一般都知太極拳不可用力,要求鬆柔,求鬆柔不用力即是為了求棄肢體之能不用的方法與手段,鬆柔不用力了還何能使用?不用肢體之能由於是使用意氣，所以有「用力非太極」之言。由於意氣與肢體之能二者是相對等的存在的，有了肢體之能就無意氣，有了意氣就不能有肢體之能，所以拳經云：「有力則無氣，有氣則無力，無力則純剛」，徹底沒有了力就成了純剛，純剛者乃全是意氣之能，全無肢體之力，由於太極拳棄肢體之能不用，所以拳論言肢體之能云：「是皆先天自然之能，非關學力而有也」，言肢體之能是人生來都能的先天之能，非關乎太極拳，太極拳是要由後天學習而得的，意氣即是由後天學習而得的，由於太極拳運作的全是意氣而能養生祛病、益壽延年，既是拳術又是養生之功，所以十三勢歌又云：「詳推用意終何在？益壽延年不老春」。

究竟如何能得意氣？是很容易感覺得到的，作用在於用意不用力。用意是運用思想，不用力是不用肢體之力，在任何姿式動作中，先以意把身體放鬆，然後一面動，一面心中求不要用力，動作要慢。如心中想得純正，任何人都可感覺到手上有麻麻、脹脹、刺刺或熱熱的感覺，這就是氣感。如動時全用胯腿之力，也就是全用胯腿來動，肩手完全不動，也就是肩手鬆柔不用力，不但手上，身上也有熱的感覺，這就啟動了內氣，這就是全是心神意的作用，完全不用了肢體之能，持之以恆，不但有養生祛病之功，待內氣充沛，就可如經譜所言運行使用，同樣的也可在動中心中求不要動，或要求慢，或求周身鬆柔，也會有同樣的感覺，這全是求丟棄有形的肢體之能，全用了意的效應，能這樣動，太極拳雖不能至，亦相去不遠。

啟動內氣或用靜坐的方式，太極拳本是道家的修行之功，修習道功以靜坐方式啟動內氣，得氣以後，在拳術中應用，此即是內家功夫，所以太極拳是內家拳。拳諺云：「外練筋骨皮，內練一口氣」，即言外家拳練外在肢體骨肉的筋骨皮，內家拳練內在的意氣，所以要瞭解內家拳與外家拳的區別才能理解太極拳，外家拳是使用肢體動作之能，太極拳不用肢體動能，而是修習意氣之功，方不致枉費功夫。

陳傳龍　謹述於臺北
2018年11月1日

太極拳的運動方式

學習太極拳，一般都覺得太極拳玄深奧妙，難以理解，原因在於運動方式。太極拳的運動方式，完全不同於一般觀念中的運動。所以要了解太極拳，首先要了解太極拳的運動方式。一般的運動方式，是人人都知的運動，諸如跑步、體操、打球、舞蹈、乃至拳術，這是一般性的關節運動，都是運用體力、運作肢體的活動，發揮肢體的動能，都是需要用力的，尤其是拳術，用力愈大愈好，一般都認為不用力不能成其為拳術，由於是深入人心的一個觀念與認知，由是很自然地認為太極拳也是這樣的一種運動，多以這樣的思維思考太極拳，以致學太極拳而不得其門而入。

太極拳完全不一樣，學過太極拳者都會知道，太極拳不可用力，從用力與不用力就可知道太極拳的運動方式與一般的運動與拳術的運動方式完全不同，不但不同，更是相反，可見以一般運動與拳術的觀念是無從理解與學習的。所以太極拳要認識與了解，傳授與學習，並非有了拳套姿式，就可以有了太極拳。

不用力是太極拳的基本特質與要求，先輩宗師無不都強調太極拳不可用力，或以求鬆柔言之，所以有內家拳與外家拳之別，要了解太極拳也要了解內家拳與外家拳的不同，其不同在於運動方式。外家拳求用力，毫無疑問可以使用外在招式，是一般觀念中的拳術，用力是使用有形的肢體之力，是使用有形的肢體，這是一般的運動方式，人人都知的運動方式。太極拳是內家拳，不可用力，外在招式已不可能使用不言可知，不用力是棄有形的肢體之力不用，也就是棄有形的肢體不用，是後天學習的運動方式，非人生而能知的方式，由此可見，太極拳與一般拳術的運動方式完全不同，而能有不同於一般運動的功能與作用，二者在本質本性上完全不同，外家拳使用有形的肢體，可以使用外在招式；太極拳棄肢體不用，所以太極拳的拳法也就是運動方式，都是求棄有形的肢體不用，並非是使用有形的肢體，作用不在外在招式，不言可知。

謹將太極拳的拳法介紹如後，以資證明，以彰顯太極拳的特質與本性，以及久學難成的原因所在。

一、不可用力

不用力是太極拳的基本拳法，特質與本性所在，其作用即是在於求棄有形的身體不用，以求周身柔軟，產生內勁，用了力就沒有了內勁，故有「用力非太極」與「內勁是不用力之力」之言，既不用力，又何能使用有形的身體，其目的在於將本有的硬力身體，轉化為內勁。

二、求鬆柔

鬆柔是太極拳的基本體，能鬆柔乃能有內勁，乃能有太極拳。鬆柔與不用力實是同一件事，要不用力就必須鬆柔，要鬆柔就不可用力，不可能鬆柔了還能用力，用力了還能鬆柔。太極拳要求鬆柔，即是為了求不用力，用力了就不能鬆柔，就不可能有太極拳。既鬆柔了，有形之體又何能使用？內勁是柔軟的，柔軟中有力量，乃是剛。

三、伸縮、絞扭、開合

此非平時一般性的關節運動，是一種特殊的運動方式，太極拳全是這種運動，乃能身體柔軟，產生內在運動的內勁，也是棄原有的身體運動不用。若用一般性的原有運動，必然一動即產生僵硬，一試便知。苦於不能鬆柔，原因即在於運動方式，但在運作時心中仍要求鬆柔不用力，不可用力去做。

（一）伸縮—是周身一體的伸縮，像毛毛蟲一樣的伸縮，並非曲直的關節運動。產生柔綿的內在運動，此乃運作內勁，所謂「運勁如百煉鋼」、「運勁如抽絲」。作時心中仍要求鬆柔不用力，不可用力去做。

（二）絞扭—使身體像擰毛巾一樣的絞扭，也是一種內在運動，運作內勁，心中也要求鬆柔不用力，不可有用力之心。

（三）開合—開合是以意將身體放大與收小，放大即是開，收小即是合，是用意去做，不是用力，也是促使內動，產生內勁。內勁與外力是相對等的存在的，用了力就不能有內勁，有了內勁就無外力。外力是堅硬的，硬了就不能軟，軟了就不能硬，硬與軟不可並存。內勁則不同，雖柔軟，但內中力量乃是剛，剛與柔並存一體，所以硬與剛是不同的，不可把硬認為是剛。

四、沉肩、墜肘、涵胸、拔背、鬆腰、坐胯、虛領頂勁，都是在求放鬆關節，使不能用力，以求棄原有動能不用。分別說明如次：

（一）沉肩—即是求鬆肩，當將肩鬆了以後，就有下沉的感覺，所以叫沉肩。肩鬆了以後，還何能使用？是求棄肩不用，不用有形的形體。

（二）墜肘—是求鬆臂之法，當臂鬆了以後，肘就有下墜的感覺，也就是求棄原有的臂力不用之法。

（三）涵胸—是求鬆胸，胸內涵之後，就可放鬆，挺著胸是不可能放鬆的，鬆了以後就不會有力，是求不用力之法。

（四）拔背—當胸一涵，背就有拔的感覺，涵胸拔背是連在一起的，能涵胸就能拔背，是求胸背的放鬆，不用原有之力。

（五）鬆腰—就是要把腰鬆了，也有說是塌腰，乃由於腰鬆了以後，就有下塌的感覺。當感到腰下塌了，即表示腰已鬆了，也是求原有的腰力不用。

（六）坐胯—即是求鬆胯，當胯一坐下去，就有鬆的感覺，也是求棄原有的胯力不用。

（七）虛領頂勁—即是把頭部也鬆開，以神意輕輕把頭領正，頂上就有勁的感覺。虛領是用神意來領，並不是用力來領。

以上為鬆身大法，把身上的大關節全部放鬆，以求棄有形的肢體不用。

五、摺疊轉換（十三勢行功心解）

在周身鬆柔了以後，在運動中，身內就有摺疊轉換的感覺。摺疊是好像一塊布一樣的摺疊；轉換是在運動中，要有轉換產生，如由進轉換為退，由退轉換為進，都要有內在的轉換，是在動作中求周身的鬆柔。例如，當前進改為後退時，先將身鬆柔一下再後退，就有摺疊轉換的產生，身體就可鬆柔。如果直接後退，必然會有僵硬產生，也就是在動作中要產生摺疊轉換，以求周身綿綿不斷的鬆柔。

六、有上即有下，有前即有後，有左即有右（拳經）

這是在動作中求周身綿綿不斷的鬆柔之法，例如有前即有後，是言想要向前，心中必有微微向後的動作，然後再向前，就可柔綿，並產生內勁。若是直接向前，必生僵硬。其他左右上下也都一樣。

七、動中求靜，動靜合一（太極拳術十要）

這也是在動作中求柔綿之法，即欲要動，必要立即有求不動之心，即是求靜即可柔綿。如若直接動下去就不一樣，必會生僵力，斷了柔綿。

由是可見太極拳的要領幾乎都在求鬆柔不用力，也就是求棄原有之體不用，既棄原有之體不用，肢體動作的拳招自也不可能有作用。以上所言沉肩等，是在求身法的鬆柔。其後摺疊轉換等，是在動態中求周身綿綿不斷的鬆柔，都是為了求避去原有的身體動能不用。其目的在將原有的凡俗之體，轉化為柔軟的剛柔一體的太極拳拳術之體。太極拳在架式中所練的，全是拳法與要領，以求轉化凡俗之體，才能有太極拳的功能與作用，太極拳的功夫即在於此，而非求外面的姿式，拳法與要領才是太極拳的本體，比外面姿式，只是比姿勢形式，所以長年累月的練習，空無所有，對太極拳仍是一片茫然，外面姿式只是練拳法與要領的一個工具。所以拳經云：「凡此皆是意，不在外面」，練拳法與要領全是在用「意」，所以言「皆是意」；「不在外面」是不在外面的姿式，由此可見，要認明太極拳的實體所在，才不致枉費工夫，失去學習的意義與價值。

但是周身鬆柔不用力了，又何能有作用？何能成為拳術？用力與不用力全在於心中的想法，心中求用力就有力，也就是用力；心中求不用力就無力，也就是不用力，可發現不用力還是可以動的，是意的作用，即所謂用意不用力。用力的力是筋肉堅硬的力，是外力，是外家拳所用。不用力的力是筋肉柔軟的力，全是意，是用意不用力之力，即是內勁，是內家拳之本，由於由不用力所生，而有「內勁是不用力之力」之言，要由後天的傳授與培養，可以愈養愈堅剛，由於在柔軟中有力量，所以柔中寓剛、剛中寓柔，是剛柔一體的太極勁。

舉例而言，如若一拳出去，心中求用力固然可以出去，若是心中求不用力，拳還是可以出去，由於有意的存在，是用意不用力。如果連出拳的意都沒有，就不可能出去。由此可證，用意還是有作用的，功深以後而有氣的產生，而為意氣。所以太極拳的運動是求將先天原有的硬力肢體轉化為內勁，再由內勁轉化為意氣，由於鬆柔不用力，能生內勁而能為拳術，由於周身鬆柔、和通氣血，而能祛病養生、益壽延年，而能既是拳術，又是養生之功，實為文化瑰寶，乃古人高度智慧的傳承。

從現代生理學的觀點來說，一般性運動也就是我們日常生活中的運動，是運用肌肉與骨骼的結合，產生拮抗作用，使身體活動，即是一般關節運動，是要用力才能產生作用，肌肉僵硬。太極拳不用力，要求鬆柔，完全放棄這種運動不用，全是周身肌肉的作用，是一種內在運動，所以柔軟而有力量，而成剛柔一體的勁，在拳法中運用伸縮、絞扭、開合，即全是這樣的一種鬆柔的肌肉運動，是避開一般性的關節運動，全是肌肉運動的運動，以求培養內勁，可見太極拳的運動方式與一般性的運動完全不同。苦於不能鬆柔，不能練成太極拳，皆由於運動方式，用一般的運動是絕無可能鬆柔的，一動就生僵，一試便知，還何能鬆柔，練成太極拳？

太極拳由於是一種柔軟的內在運動，沒有一定的形狀架式，只要練的是內在拳法與要領，任何架式都可以練。現今練太極拳都是以外面姿式是求，所用方法也都是為了求姿式，以一般性的運動方式，求外面姿式的如何，外家拳用力，可以求功於外面姿式，太極拳不用力，求外面姿式全無作用不言可知，還何能在外面姿式求得太極拳，顯然是一個錯誤的認知，值得認真思考！太極拳雖有外面姿式，但乃內練之功，所以有經論歌訣的傳承，其中所言全是太極拳內在運作的理法要領，是太極拳的實體所在。

難明太極拳，由於為外家拳的觀念所誤，以拳套姿式為太極拳，以外家拳的觀念思考太極拳，認為太極拳是外面的姿式，打外面姿式是打太極拳，但太極拳是內家拳，運動方式完全不同，功在內在運作之法，即是拳法，比外面姿式只是空比形式。各家先輩宗師都有太極拳不在外面姿式之言，由此可見，打外面形式，何能是在練太極拳！值得深思！謹將各家宗師之言，引述如次，以供參考。

武派·武禹襄氏云(拳經)「凡此皆是意，不在外面」；武氏要點云「不使絲毫之力」。

郝派·郝月如氏云「太極拳不在樣式，而在氣勢，不在外而在內」、「切記不可用力」。

孫派·孫祿堂氏云「拳術之內勁實為人身之基礎」、「不用後天之力」。

楊派·楊澄甫氏云「論太極拳不在外形姿式，而在內理、氣、與勁耳」、「非取形似，必求意合」、「願後之學者，弗惟外之是鶩，而惟內之是求」、「不用拙力」、「若問其用，則在不用力」。

吳派·吳公儀兄弟云「以心行意，以意行氣，以氣運身」，吳氏練法云「太極拳最忌用力」。

陳派·陳長興氏云「夫拳術之為用，氣與勢而已矣」。

陳派·陳鑫氏云「拳在我心」、「自古太極皆如此，何須身外妄營求」、「非有心之求剛，實有心之求柔軟也」。

不在外面姿式，由於不可用力，由是可見，由於運動方式不同，太極拳本不在外面姿式，而以外面姿式為太極拳，致使本是文化瑰寶的太極拳，成了全無作用與意義的姿勢動作，誠是可惜！

陳傳龍 謹述於臺北
2018年7月3日

閱讀導引—實修實證之高層次領悟

大家翻開這頁之前，相信應該已經看過恩師 陳傳龍大師《太極拳透視》的上卷(第一、二、三冊)了。上卷中恩師在不到兩年的時間，就記滿了六本筆記，可說是日日精進，日日有所體會，本卷(第四、五、六冊)卻花了四年多的時間，只記了五本筆記。體會記錄的文字量雖然不多，但太極拳功夫的體悟與境界已大大提升。

上卷中，尤其是第一、二冊，大都聚焦在腰、胯、尾閭、踝的調整與操作，運用「趴」、「抱」的概念，達到鬆肩垂肘、涵胸拔背、鬆腰落胯的型態。到第三冊開始使用「隱身化風」的概念，達成上鬆下實、虛領頂勁氣勁生的境地。

本卷第四、五、六冊則用具有可操作性的敘述來達成「鬆、柔」的目標，用放心地「倒、敗」的心態，「開檔、坐胯、弓腰、尾閭縮」的循環操作，進而達成「不用力」的目的。雖然仍聚焦在腰、胯、尾閭、踝的調整與操作，但在各冊中，散見許多非常實用的譬喻與心得手法，例如：以「扭脫衣物」、「拔鞋」、「挖地」、「伸縮」、「軟綿縮小巧」、「涵拔、沉墜、開坐」來練習下實的穩勁，充分吸納所有各種外力，達成類隱身或空身的目的；再以「順、舒、穩、柔、斂纏、旋、轉點」來練習內部筋絡的化勁，使對手無著力點可用；而以「清靜、寬容、忍讓、空淨、慈悲、有愛」來修養心性，使自己能圓融無礙同於無量無邊的自然天地。心得記錄中或看似有些許重複處，乃恩師於每日練習中因有重複之深度感受，再次記錄以提醒其重要性，於反覆領悟中展現出不斷向上迴旋、蛻變成長的拳味。為使太極拳界的好友們更能理解本卷的內涵，茲簡略摘述部分佳文卓句於後，以饗諸位太極拳界好友們。

|第四冊|

- **練習時要往酸裡走，酸不足則柔不透。**
- **柔要柔得愈長愈好，不可一柔即止，要柔得長而無底。**
- **練架想著全身柔變，動也柔、靜也柔，柔我自身僵撐處。**
- **動要求三動三不動（腰胯腿之動為三動，頭肩手不動為三不動），氣貫足，掌合足，氣遍身走。**
- **五虎大將（腰、胯、檔、膝、踝），八大金剛（加胸、背、大椎），打拳將此關節柔而不用反是用。**
- **聽勁乃聽雙方的背順、對峙的形勢、自己的安危、攻防的信息、對手的動靜、各自的虛實、粘連的變化……，故不只是感覺而已。**
- **先要有「為」意，才有「不為」，「不為」所產生的作用乃是「真為」。不攻、不打、不撐、不發、不動、不出力、不頂、不抗、不丟、……。**
- **攻由化生，勁力由柔出，勝從敗獲。**

● 化不可有底，有底易生頂。

● 筋骨要空，皮毛要鬆。

● 化而無蓄乃是逃，蓄而無化乃是頂。

● 發與打，拳勁都在自己身內，不要出門（勁不出身）。

● 逢頂必轉，重頂重轉，輕頂輕轉，轉內在意氣。

● 心想大螺旋在地下旋，全身旋，可使全身不會著力而鬆開。

● 人碰你一處一點，你要全身處處應之。

● 吸纏化引拿接發、化纏溶放挖、好像忘身、空身。

● 忘卻對峙入白雲（以空我身）、粘扶彼身勿稍滯（靜聽彼勁）、千記萬記無發意（無凡俗之發意）、心存不撐更驚人（令彼無著落）。

● 身與小腿要分開，全身都可敗倒，只小腿不可倒，身即不倒。

|第五冊|

● 要在柔中求筋骨變化，在筋骨變化中求柔，變化要生纏。

● 「勁變時必先鬆胯」，確是柔身之鑰，可不變自變。

● 要使襠胯腰三者寬活，在動時要注意練此三者，則身鬆柔。

● 丟肩身自柔，丟肩身才柔，丟肩就可沉肩。

● 丟肩、落肩、沉肩、放肩、卸肩、開檔活胯，推手練拳就是做這些。

● 練倒得下，就柔；練撐得住，就僵。

● 弓步時，身躺在實腿上就很柔了。後弓步時，身坐在小腿上也很柔。

● 柔就是化，柔用「縮骨拉筋」調整腰、胯、檔、踝、脊與體內中心一點或一線互相牽引，則內勁生。

● 站著不倒，不是靠撐住，而是從頭到足之節節鬆開、似斷猶連，方能「柔中寓剛攻不破」。節節貫串、似斷猶連纏，才能柔。

● 心中求柔要在練中培養，呼吸乃吞吐天地之氣，呼吸伸縮旋纏合一，以似穿退衣褲之意為之較易做。

● 軟綿縮小巧—縮小即能軟綿，軟綿而生巧。藉旋腕圈、踝圈之力縮，藉縮之力旋，以成全身纏。

● 以網網住彼身，彼實來，我以虛處網之。

● 用實處不倒，為撐；用虛處穩住自身不倒，為化。

● 上要空，下要攻，手要感覺重，腰要弓。

● 用虛處旋圈，對方不知，以百會轉，或脊椎，或腰椎轉，皆可使人無法動彈，可制彼；若以四肢關節轉，則彼可活動。

● 旋轉身上皮毛勁最大，全體纏勁更大。

● 腕環、踝環轉動，氣即貫全身。腕環、踝環轉動所生之氣相合，力量極大。

- 我氣分運兩側，人即覺我空空無物，中間空出，即可隱身。
- 虛心退讓神注彼，不頂不抗足氣調。一旦接到發放機，閃電放之人不知。

|第六冊|

- 將展未展—全身鬆開，屈膝、蹲身以待動。未展則身臂未出力，但仍有將展之心，使周身鬆沉。
- 屈膝蹲身準備跳（意念），寬鬆胯腰長功夫（用心意）。
- 寬檔空胯學動物（鬆），軟腿弓腰勢驚人（柔）。
- 不倒翁—倒時以腰、大腿或小腿，拉腳上來（要怪身才柔）。
- 腳底有針—假想針刺在腳底，不敢用力，則就不用腿力，力更大，且腳之跟力亦增大。
- 變易不居—此指內變，周身骨節只要變動靈活，即能應付一切，使彼處處落空，所以拳全在變，要節節鬆靈，節節斷連，節節靈變，節節貫串，周身輕靈。
- 放棄意圖—意圖是僵的，放棄即柔。
- 意識拳—只用意識不動身，太極拳是意識拳，由於意識一動，內在氣勁即動，所謂意到氣到，氣到勁到。
- 變招磨轉—用磨轉對應，對手壓來而成頂抗之勢時，我即拋棄對抗之勢，變化機勢避實就虛磨轉，彼即落空而被轉出。

- 坐胯放檔求隱身—動時必先坐胯放檔，以坐胯放檔之力推動身體動，使勁力一開始即沉入腳底，以避免僵力由小增大之缺點。
- 矮人打拳—全交矮人，矮人是自己心中作矮人，使勁力下沉。
- 磨片開合—腰胯中似有二磨片上下垂直開合，要嚴格限在腰胯間開合，他處不可參與，此是極佳之運動方法。
- 纏中不纏。一纏全纏。動纏靜纏。反纏不纏。伸纏縮纏。開纏收纏。進纏退纏。蓄纏發纏。仰纏俯纏。
- 身似浮木氣清平，寬胯躬身心欲坐。時時刻刻存此意，功夫日長病消除。
- 蓄，是基本功，化、發、動、靜都以蓄來做，進、退、上、下都用蓄。有上蓄、下蓄、進蓄、退蓄、發蓄、化蓄都以怪身來做，能怪身則化蓄都有。
- 發者：1、定住自身。2、脫離彼身（斷）。3、呼吸代力動。4、鬆檔胯去力。

眼尖的讀者一定很容易從我摘錄的內容發現，恩師的心得記錄其實是有層次，且是實修實證，具可操作性。各冊內容值得一讀再讀，細細品味，並可從日常拳架練習、推手應用中，逐步重複體驗，尤其內部筋絡的調動，是需要假以時日操作練習，才能慢慢熟悉其操作的感覺。這些實修實證的內涵，唯有身體力行，一點一滴去驗證，由「生」而「熟」，進而「了然於心」。心到則神到，神到則意到，意到則氣到，從開展性的練習，逐步熟練到緊湊，進而得以氣生意領神養心淨。可見唯有花時間反覆琢磨練習，才能達成心、神、意與氣的連結與調動。

恩師在本卷各冊中另附有「太極拳的運動方式」、「言沾連粘隨」及「太極拳與靜坐的關連」三篇文章。「太極拳的運動方式」是綜合了拳經、拳論、十三勢歌等的精髓，轉換成可實修實證的語言，相信對讀者在閱讀各冊的心得日記更有提綱挈領的引導功用；「言沾連粘隨」，點出柔軟到成為一個沾粘體的重要性，印證各冊中實證實修的要領；「太極拳與靜坐的關連」，則更進一步可讓讀者對於本卷之心得日記各冊中的許多看來抽象的敘述，找到可以詮釋的參考，對心、神、意與氣的連結與調動練習，將會有更深一層的幫助，建議大家多參照運用並勤於練習。

初次接觸本輯的太極拳讀者建議以下方式進行閱讀，將比較會有所斬獲：

1.第一遍：快速瀏覽，看懂各段內容敘述，與自己學拳的體會對照。

2.第二遍：檢擇自己能認同體會的部分，在練習拳架時或進行推手對練中去印證。

3.第三遍：對於無法領會或不認同部分，歡迎隨時至臉書社團(「陳傳龍－太極拳本義闡釋」)中提出討論，大家交換切磋心得，以啟迪領會。

4.第四遍：擇要深入練習，逐日築基，從架構身法、氣勁培養到階及神明，假以時日定能有成。

進階的讀者則建議可逐日擇要，從實際操作中去印證、體會，持之以恆地練習，必能取熟而生巧，深得個中三昧；無法掌握要旨部分，歡迎至臉書社團「陳傳龍－太極拳本義闡釋」中提出討論，相互交流切磋。

「陳傳龍－太極拳本義闡釋」臉書社團是公開討論內家拳的園地，歡迎愛好太極拳的朋友們隨時上來相互討論、切磋、實證實修、探究太極拳迷人的奧秘，以相互提升對太極拳真正的體會與認識，使千年以上的瑰寶得以真正永續造福人類。

林燦螢 | 2018年10月10日

本文作者簡介 | 【林燦螢 博士】

中華民國太極拳總會 世界盃、總統盃、
青年盃太極拳錦標賽推手賽資深裁判
禪易太極拳養生研究中心 指導顧問
管理才能評鑑暨發展中心 指導顧問
文化大學勞工系兼任助理教授

1996/6/12 —— 氣勁在身內骨內旋化，在受壓時用，一遇壓力即以旋來化，此即逢頂必轉，以化來力。隱身旋化。

6/13 —— 只用氣勁內轉就可發，轉時先要固定中軸才有根，並隱身化風，使一羽不加最妙。

內勁在兩腿內繞足而過運轉，目的在出空上身之力，立身要踵頂相連、昂首舒脊。

發時兩手（接處）要觸而不碰。

完全有意而無力，無絲毫之力加於彼身，所謂「**一羽不能加**」，要注意的是不但手上不能加力於彼身，更要全身處處無力加於彼身，才能徹底。一有相抗迅即斷裂隱化，故發勁是觸而不碰，要發揮不碰之心，不碰才能有所需的發力。用隱身化風，氣向足注，即可不碰。

以旋發人時一定要先固定中軸，以固定之力為根，固定之力實乃發力所在，乃是體，旋是用。

發勁先一想發隨即作不發、不碰之想。遇頂即作自身斷裂之想，如此反可發揮內勁。事實上此不發即是不用凡俗觀念中的發來發。

不發不碰即是發，是指不用凡俗觀念中的發與碰來發的思想，而是用啟動內勁來發。

6/14 —— 要用氣勁在身內、骨內旋來發，只用旋已可發，所以只旋而不發。更要用不碰彼身，一羽不加，毫髮無損之心，全身均要不碰，於是兩腿內氣勁繞足，全身勁出，為發勁之要。

動時不要動，要輕輕放鬆身體，用開檔、落胯來動。站立時，以頂踵相連。轉時，以一個點在身內及骨內轉，越小，人越不知。

6/15 —— 發勁用隱身旋化，氣勁繞足，出空周身，觸而不碰。

與人推以輕輕一放檔化彼來力，彼完全落空，比用心想斷胯來化為佳。

遇硬力來時，檔要放得靈快、細穩，手觸心不觸。隱身化風要綿長，氣下貫於足。

練架以不作自動為原則，以意念在架式中運氣來動，由氣之變動使架式隨之變化，即主在運氣通脈。

6/16 —— 動時用不想動之意總是對的，這樣才不會出力，身才柔。如用動一定要用力才動，即會生僵，要細加研究在動時不想動之意義。為什麼不想動？為的是求保持鬆柔及中定以產生內勁。一定要有「**動中不動**」的反向之意才行，其中就有運氣了。

變時以內動轉變帶動招式，不是變外形招式，只要有內動變化就已是在打太極拳了。

氣不要侷限於身內，要與天地氣一同旋，下部氣要深入地下，足之根才穩。

動中求不想動，氣才均在足腿。不但不想動，更要反向動，一定要這樣，身才柔，氣才下，內勁才出。

所謂反向動，就是「動中求不動」。綜上所記：隱身化風、逆向運氣、氣繞足行、求中求定、無動不圈為最精要。氣在骨內、身內旋，與天地氣合，更深入地下旋。

發時若以身向前衝自然就會頂而為人知，故身要停住不前，讓胯檔向前。心求將勁隱化下注，身自無向前意。

6/17——要避熱（實）擊冷（虛）不是用一般性的發，要發而不碰，用心來使身發而不碰（發而身不前），使彼一點都依不到我才是真正的發。

練假想化脫腰被人制住很重要，這樣練可擴大腰胯靈活空間與圓活，化時用旋足助之，膝檔均配合之，練好後與人推手就可用化人制腰之意推，以穩、活吾之腰胯。

不要亂想，要想求中定，推手者，求中定之比賽也。

氣向下練，以臍向下與踵呼吸，不要向上與鼻、上身呼吸，氣乃可下沉而不向上，一切交與氣對應。

6/18 —— 一發隨即不發，是為真發。如先想發，隨即不發，反能將人發出。太極拳乃無為而無不為之技藝也。

化不是逃，要延之入坐我腿上，並順勢抱而發之。在化中乘機摸黑洞（虛處）發之，均為避實擊虛、棄熱就冷。化要順勢搶先機，不可只努力在求化而已。

「**意在精神不在氣**」，若意在氣，則氣不柔，故只在想「精神」，不真運氣，此乃功力已臻至「**不但柔身，更在柔氣**」。

每動臀都要入地（意想），採地下之氣，挖地下之土，以使氣勁下沉。

6/19 —— 練習時要往酸裡走，酸不足則柔不透，凡用撐的地方均是為了避酸，一放鬆就酸，日久就不再酸了。

6/20 —— 拳真正要練的是「用腿代替用手」的心態，用腿化、用腿攻，使腿靈敏無比。人多不知練腿，而只想動手。氣也要壓到腰脊以下，使之在腿中活動。

推手乃搶彼之虛，待彼攻我，就虛實分明，我棄實摸虛。以腰腿去搶，不要只化了就算數，不可只挨而無攻。（要用想搶而不搶之意）

6/21 —— 如對方全面攻來，彼身無虛實之跡，我當以坐（斷胯）而抱之。因我坐下時，彼即失落根浮，我抱之甚易，但仍要避碰彼身，使之無所依持。用小腿抱之之意，勁即改變了，可不碰彼身。

人碰你一處一點，你要全身處處應之，不可只用被碰之一處一點應。人一般都碰上身，如下身不一起配合變，勁即呆滯而被制，故碰上時下亦要應，始可一動無有不動。

每動均怪怪地作勢站穩，以單腿輕輕放檔來站，打拳本來就是求站穩。（所謂怪怪，乃指非常態之站立方式）

受挨要以腰、胯、檔、足鬆化開為宜，足要化得很大，方有機、有勢，否則仍易折。

化之觀念要改，以扭臂化為宜，不要自己亂動。

每動均以怪怪的方式求站穩，用挪胯鬆化下盤來動，並以心拔鞋，以使腳上有根。

欲化被制之身（腰）為輕靈圓活，要以鬆下盤並怪怪的站穩，乃能中正安舒，而能輕靈圓活。

6/22 —— 今以旋，只心想而非真旋，想著所旋之四肢身腰等，只用心想不真旋，如是，彼一挨我即跌出，此比蓄發好上甚多，這是由於所旋的是內在氣勁非形式，但用旋時要在人挨我時用之，才有著落，使彼毫無依持，蠅蟲不落。（由上可知，旋只用心即可，無須真旋）如我主動旋人，對手的身體要堅硬才能產生作用。

6/23 —— 意勁一定要先起於腳跟，方可反應快速，身體才能和順，尤其在粘隨他人之變化時可快速反應。

全身柔綿、踵頂相連。

氣歛後放產生隱身化風，歛氣用意。

化要會動，要以腰胯鬆化，尾閭尖先動，怪怪的挪胯求中。化人攻我腰，不可化局部，要以怪怪的放檔，延之上坐，扶而抱之，機勢萬千。

每動均在作勢怪怪的站穩而已。化人抱腰要向下呼吸，以穩下盤。發時記得不以直接發其身為妙，而是要由其虛處摸其內在之實發之。摸其虛為了發其實，這樣可令其不知。

6/24 —— 打拳推手力求中正安舒，能中正安舒，對任何攻擊都靈活無礙，內含萬種招式，不像走形，只是一招一式。要能中正安舒，動時必先輕輕放襠，始可做到，輕輕放襠為鬆身之要，輕輕放，力即沉腳底，即可中正安舒，亦即可站穩，亦即得中定，應付來敵，變化無窮。

動時應先輕輕放襠，切不可作一般性的俗動為要，一動就硬了。先放襠就可不僵。

打拳在化，化要以腰、胯、膝、足、襠（輕放）全動來化，力求中正安舒，往酸裡走。

6/25 —— 化用腰、胯、膝、足、襠固屬正確。但如用延之上坐，粘貼抱之，發時用腿面上送，趴身搶球等等，則不但心中思維簡易，而且下盤之要領皆已包含在內。

因應急變莫若用小腿快跑為最靈快，這樣上部全都柔鬆，並將意氣控制在膝彎以下，身方能柔。

運動以輕輕放襠，無放襠時以伸腰。頭保持在原處即可，放襠即是鬆尾閭。

6/26 —— 發勁要完全不以俗動直接發彼身為正確，可不令人知。今用旋發彼不若發他人之妙，蓋因彼未以力挨我，而帶有柔，故旋之不暢，他人則全心挨我。

6/27 —— 化到底時要加快續化下去，彼跟若浮即進貼，彼必出。

腰背下沉，胯舒襠放，舒胸下腹，小腿快跑。要密切留意對方之快與力。

練拳不外將氣充於足，更使氣與地氣相合，吸收地氣，以小腿快跑，引氣至足。呼吸用臍與足接地氣。

延之上坐，抱彼腰腿（心中的意想），動下不動上，化人制腰以氣向下運與地氣相合，不撐不抗。

發以不發為之，即一發即不發，反能發。

人碰我某處，我均以足與小腿率先反應，並求全身一致，一動無有不動化之。

旋只內旋而不外旋為必要。

發用拔鞋之力是佳法。褲似要下落，襠勁向上吊以穩下盤。動時先放鬆襠使腰胯下沉，而後可周身一家。

用小腿快跑應敵之力與快。

化不可有底，續化下去即為攻，彼浮我即貼之。

練拳首在氣充於足，與地氣鼓盪，上吸天靈（天上靈氣）。

6/29 —— 兩人相持，彼突進前欲迫我退步，此際我宜大步乘勢先退，彼必落空前跌，我可乘勢將之擊倒（此是我撤前腿）。如我撤後腿彼乘勢跟進，我急步退撤在彼之先，乘勢大退一步，化解彼之來勢。

昨與人練，將來勢向左右轉走，即以橫向轉撥，不以直退，可將此列為對敵之一法。

彼如上柔下實，擊之彼可柔化，但要知彼能向後柔化者乃腰以上，其足則未可如意向後柔化，遇此種來敵時，不可擊彼上部，要以我之足勁直發彼之實足，彼豈可柔！

發要注意者，在發時上部相接處要絲毫不令彼知，保持親善柔和，用小腿之勁直射彼足發之。

凡接手以化中寓攻為最有利，要以攻由化生、力由柔出、勝以敗取，此為推手之要。在化中延之上坐，有抱彼腰腿之意在，即可化中寓攻。

腿之氣必須與地氣相合，一起鼓盪。

6/30 —— 氣由脊下貫於腿足，則十分鬆靈。練架時，要將氣全貫於腿足運轉活動。小腿快跑使下盤靈敏穩

定，此時全身空靈，可用膝頭擊人。

要動時本可用先放檔，以求身鬆，但如在動時即刻想到任由腰胯去動，自己不可動，同時用意運檔腿之氣，亦可鬆身。

練架要進行氣的收歛及放大，譬如前一動用歛，下一動就用放，或歛多次後再放，此即太極拳的呼吸。放時氣充毛髮四肢，此時要將全身氣路放開，不使卡住不放，使氣在身內暢通無阻。歛時下接地氣，上引天氣，吸入身內及骨中。

7/1 —— 以呼吸為動。動即改為吸或呼，即收（歛）或放，以至收放代替了動作。收儘量長，放儘量放得透，此可使動作完全在一收一放中來進行，也就是動作由呼吸來進行。

凡遇敵之頂力，即用隱身化風發之。還有在相拒之中，當我歛氣至得機時，立即猝放，放向彼之虛處發之，絲毫不要碰到對方實處，若碰到他即給彼有所依持。

心想大螺旋在地下旋，全身旋，可使全身不會著力而鬆開。

不要想到自己的身體，若想到自己的身體，自然身上就會有力，就不鬆，要想身內意氣，或外氣。

7/2 —— 與人對敵仍以氣由胯來回走腿之兩側為靈穩。

教人以順勢化，搶好的勢、順得順、化得清，絲毫不使人著到力，乃是最好的，否則人就不會落空。要完全讓彼落空。

完全用臂來化才成功，或用小腿快跑化，故打拳要練用臂化，或小腿快跑。

7/3 —— 氣充於腿，深入地下，要練得紮實。以臂與腿氣一貫，順人之勢，借人之力越輕靈越高妙，單人練時順姿勢之變，就是順人之勢。

7/4 —— 以側身讓空，制人偷襲過來亦甚好。

練腿不但要運氣，更要使氣很活潑靈活為要。

7/7 —— 今天練發，發中存不發不碰彼身之心是正確的。將氣限在脊背不使外出，即可做到不碰。又如氣在地下轉也甚佳，但要想得確實。氣不要在身內，在身外，上下前後轉（靠近自身），則身上可無力。倘若在身內，身自然會有力。化不可有底，要一路做下去，才不會在末後有僵力。

發勁要想手上無力，就須將勁力壓在胯以下，不可上來。如彼足勁很穩，則將勁壓在膝頭以下，擊彼小腿，以摧彼根勁。

氣宜壓在地下旋，隱身化風之風要在地下旋，務使氣不在自身，而在身外。

7/8 —— 順人之勢、借人之力要用臂來做，始可周身一家，氣要充於足，在地下旋。

隱身化風不可少，就是順、借亦用之。心中應無動的觀念，只有行轉意氣，要令全化為氣之轉與變，統統都是氣之運行。

7/9 —— 被人推將倒下之際，及時做敗心，同時扶住對方，反可將對方提出。故受推時即要作敗意，隨勢倒而扶彼，成功與否在敗得好不好。不論受力之重與輕，只要彼存心推我均可用之。

發勁一定要氣在骨中，乃可不令人知，才能讓對方無可反擊。

「趴」之用大矣！隱化時要加入趴勁。

7/10 ——（發時）要使手柔，以兩臂抱肚總是不會錯，可使手不參與發，並以吸彼之力來發。發中遇阻亦是用吸蓄容藏以代化，以消清彼之力，亦即發是在

清彼之力，不可用有力發人之想。與人相持中亦是用吸蓄容藏，不可亂動、亂化，要吸彼虛空處，避吸力點。

彼擊我無論輕與重，我以敗勁扶而趴之，並隨屈就伸，此為借勁。

隱化加趴、敗勁，以發揮腿氣與地氣和盪。用腿呼吸。化不可有底。發勁以縮身抱肚、隱化歸根（在隱身化風時，將氣勁全歸向腳），彼根若不起，我以轉催之。趴勁、敗勁、怪怪的。

攻由化生，力由柔出，勝從敗獲。

7/11 —— 退隱歸根（以退隱之意，將氣勁歸於腳）是為發。

用隱化抱肚發人，比只用抱肚好得多，不管主攻或被擊，用之均有良好效果，但反應要快，越快越好。與皮毛攻相比，以隱化發更輕靈，因無攻意。氣要在地下或身外為佳。

故應該要說「**筋骨要空，皮毛要鬆**」。

7/12 —— 練架是練綿綿的柔化下去（即敗勁），動之起點先用隱化，足氣綿綿深入地下不可斷，任何姿式氣均在足深入地下，力求中正安舒。

7/15 —— 氣繞足根不能斷，足氣更要與地下深處氣源相迴盪。

連是本身與對手身中的氣勁相連，陰陽相濟。如不連，就不能處置對方，要能連才能明對方的虛實變化，玩對方於股掌之上。

敵已衝進我內圈，我以引之上坐為最佳之法，攻守俱全。

今天用腿呼吸，以增強腿勁。

7/16 —— 發人時，彼之腳跟不浮起，我在發中適時以轉，彼根即浮，雙腳跳動。

隨屈就伸不可有底，試之甚佳，到底後用延長即是發。

我用手抵住彼之腹，如用手發一定無法發出，我以用手抱肚之意，即每每發出，故發勁可用縮身抱肚。

勢在手上，已感可用手發時，即用手抱肚，即成腰腿勁發，此又一得也。

7/17 —— 心想兩腿快跑，氣自然就貫於腿，小腿快跑亦同，此亦同於以腿呼吸與地氣交流。作各種動作就

是為了以腿與地呼吸。敗勁、消極勁，為柔法。

在化人時，內氣最好有轉圈。練架即要練內氣之圓轉，故感到呼吸是圓轉的。

7/19 —— 除以氣轉求功外，主要氣要繞足、繞地心，要上虛下實。如有動靜一定要以氣下繞足地，故練架要練氣沉於地，上身宜空虛。

7/20 —— 轉身內一點周身氣已動，不必周身都轉。氣要與天地氣合。

切記：以我之冷處貼取或吸取彼冷處為真發，非以向前衝為發。

7/22 —— 發勁之思想狀態不可忘，即要隱身不碰，不是向彼衝過去，要以意念審察彼之虛實，隱身求氣沉化風，自可不用俗力，原形不變，則更佳，可發人不見形，出手不見手。

化彼攻擊時，可用「隱身敗吸」，或用手抱肚之勁反發之。彼攻進前來要以順勢下坐引之，像捉魚一樣，讓他自己進到我的網（勢）中，不可主動去制之，以免打草驚蛇。彼攻來除用「小腿快跑」應之外，以輕輕放檔斷胯（心想放開檔，胯已斷）延之坐，引之入網發之。

7/23 —— 用胯內側一點吸對方之氣發人較遠，此要加上開檔。遇力即將力隨氣下貫於足，則敗勁、中正、根勁、化、順都有了。

7/24 —— 氣不要在身內走，要在身外與天地之氣共迴轉，即著力在外不在身，身內只以一點旋轉配合即可。動以怪怪的向下趴的勁為動力。（身勢似在洗碗似的）

7/25 —— 應對的是來勢，不是來力（被擊處）。用怪怪的身勢將氣下貫於足，入地下旋轉，為的是求本身的中正安舒，足氣不可少要豐滿才好，尾閭尖為先導才靈活，還要化彼如引魚入網（勢）以擊之，身體要綿綿鬆柔不斷。

7/27 —— 以意用天地氣發人，較以身內氣為更佳，以其空虛靈妙故也。

7/28 —— 彼以力進，我在彼勢未成前，以快速先發制人，可制彼倒退。若彼勢已成，根已下紮，則我當先

脫離彼力，使之落空而敗。或以鬆落、隱化、斷胯使之落空後發之，或以氣歛後猝放之發。

7/29 —— 氣貫於足為首要。發時用抱肚、抱足根、拔鞋跟之法都甚佳，其內涵實與隱身類同，均為鬆勁下紮於腳。

7/30 —— 彼下盤穩實，我試以意用足抄之甚佳（非真用足抄），若以足抄彼整腿之想則更妙（因抄時氣勁已全運於腳），並用身外天地氣旋之，則更輕而有效。

7/31 —— 用下發彼，上不讓彼碰到。以意用足抄，自地下抄彼之腳及力，或空處。以天氣下降助地氣發，或以地氣吸天氣下降發。

練架時欲要將肌體柔綿放空，使之全交與氣、變為氣，就要不撐不抗，放出敗勁、柔勁、綿勁、鼓盪勁，以達到真正的極柔之勝境。

8/2 —— 打拳時，身內要有重心存在，時刻維持之，並以之旋轉。倘上身亂動，身內力的結構就散亂，失去重心，頃刻就易失勢。

要發得遠，可用隱身怪趴。練趴隱檔胯與地氣接，使彼一點都依不到我身。在以意用足抄彼之時，要有化彼制我之想，依此而練。

發勁實千萬不可有絲毫俗念之發人之心，延之坐為基本，如以歛氣後放大發之，發時原形不變，定住尾閭尖。或以抱肚、拔鞋，或吊褲、小腿快跑、呼吸收放，均可發之。此都非以俗念之發發人。

8/3 —— 今天有了節節貫串之功，即做到了周身各節相連，串成一貫之勁，亦即各節相互一氣，這要以腰胯為主導始能成。於是一節動，全身無有不動，亦即周身一家。

學拳要能練到周身節節連串，才算會了太極拳！

8/4 —— 推手時，彼直衝而來，我以閃身應之，若彼於此時仍能站穩對抗，我再閃身，彼即隨我轉圈。

我掤手，彼以力按，我拔鞋跟，彼倒退丈餘。拔鞋，以全身之力拔、隱身拔，要練到無處不可拔。有時，亦可用後腿吊褲管、小腿快跑發。行此功時，一定要檔胯鬆沉、得機得勢。放大肛門，自可鬆檔胯。

無論彼如何用力推壓，我均要保持檔胯鬆舒，不撐、不迫、不抗。

8/5 —— 先練以內隨外，後練外由內變。前者為心中想著下著變形（招式），急急隨之變化。後者為先變內在氣勁，外形隨之而生。此是學習過程之階段練法。實際上太極拳是內練之功，初學利用外形，練內練之功。功深後，全是內練，無外形可言。

人侵我，我以隱身化風擊之，人若動，我同樣可以用此擊之。（可無須用什麼動作擊之）

8/6 —— 與人試，用身內一點轉有用，但尚要加強。用意在地下轉點力強。用地氣轉吸天氣彼浮，用地氣合天氣彼跳。

用柔腿發力大，甚大，乃勁。隱腰化風亦可發。

8/7 —— 如把雙手好像向內拿住自己的身體，或筋脈骨髓，則氣即貫雙手。

打拳要與地氣（深入地下成金字塔形）相連相盪，天氣在上為微微一小點。

既節節貫串，又有重心之存在，則益善矣。

8/8 —— 身正時以頭頂領全身穩身，身斜時以足跟為根穩，做時均要踵頂相連，氣繞足跟，入地吸氣。

8/11 —— 提起精神，發動意力，「明化暗發，化發一體」。

與人推手，隨時順人之勢作好發放之機勢。（作準備動似的）

彼大力推壓，我以脊中之直線移於一側化之甚佳。

8/13 —— 以腰動腿，手自隨動，足自有根，此即「**其根在腳，發於腿，主宰於腰，形於手指**」。故手動時都是腰腿之力，乃可形成上下相隨，節節貫串。

8/14 —— 讓彼入我的網，我之胯彎即是網，故請彼上坐為擒彼之法。

8/15 —— 人侵我，我隱身化風發之甚有實效，如加上軟身，則腿力變大，效果更大。

節節貫串要練得純熟，節節貫串乃可一動全動，才是會了太極拳。

8/16 —— 能節節貫串，運氣注意力即可涵蓋周身，以

筋合骨，氣行於手。

8/17 —— 用拔鞋、退襪發都很實用。節節貫串乃可一動全動。氣全部運到關節轉動，用之則對方很難對付我。

節節貫串乃柔身之操作，要掌握節節貫串就要周身柔軟。

8/18 —— 節節貫串，柔中搶中，我刻刻在中，無論攻化，均要在中，中者自感重心中軸在中央。即應如平準，平準有中軸，我只要能立身得中，豈有敗倒之理！人攻我，不可只化去彼力，更要搶中不失中。

8/19 —— 以怪怪的動來代替一般之動，意在氣先，非在後推氣。以意想全身關節之節節貫串及氣充下盤，使足氣與地氣相通連。

8/20 我站立任人推，彼以雙手推我胸，我不可只柔上身來化彼力，要由腰向下柔，如是上身自柔，腰腿一柔全身均柔，如只柔上身，而不用腰胯來化，其腰必僵。化人猛推時，要由腰而胯而腿向下柔。

8/21 —— 動，就會動到手，故不可稍動，只有用怪怪

的變化身形，才能周身一家，節節貫串，一動全動。心想吸收地下大片之氣入身內。一直在做準備動，亦即怪怪的動，藉以調整腰胯使柔穩，並將內勁擴大至四肢，則全身節節貫串矣。

靜，就是只做準備動以待人之動，不移己身，不變己形。靜中要動時，要好整以暇地調整內部使節節貫串，不是俗動，俗動是亂動。

8/23 —— 節節貫串就是作內部動，不動外形，以腰胯帶動周身乃至四肢之內勁變化。

8/24 —— 節節貫串，就是節節斷連（似斷實連）。

人挨我，因產生頂而無法再柔時，即放開他處之僵勁來柔，則人反而跌退，此即平時人擊我被彈出之原因，放開後力反很大，乃是化力為勁。

用一側實為必要，可分用肋、腿之側及混合等法。

制人要制「活中死」，即虛虛擸之，不要讓彼知已被制住，彼雖未明實已被制，我已知彼可化及反應之去向，隨時可發，彼雖想化脫，但已來不及，已在我之掌握中，此即謂之「活中死」，即雖活實已被制死。

要出空上身，可用身之一側。鬆化可用鬆胯，不是用俗動為要，腿雖酸，但腿力充實，久之則不再酸。

8/25 —— 要作好不撐敵勁，關鍵在鬆胯，以一側斷胯來鬆，能做好不撐則不敗。

彼柔，發之不跳，可在一發後立即旋胯，彼必跳出，原因在彼化一，不及化二，因彼身已僵。

要以發勁先發制人，不讓彼有搶先之機，故練架時每動均要練發勁，以閒、暗、涼等虛處發，不用實處。

8/27 —— 出空上身，不撐敵勁，全在鬆胯、開檔。

不撐之最好方法，就是丟撐處，要閒處。

真正能做到以內勁代替手動，才能真正的周身一家，也才能將浩然氣行於手。

8/29 —— 以旋腿和胯發比用直發為佳，勁大且人不知。

彼因常抗故易招敗，授以要專心求柔與靈，且無頂抗之心。故練拳搭手均要專心求身之輕柔，及不頂不抗。

8/31 —— 推手發人，千萬不可用俗動的方式向前發，如用俗動彼一定會知。已有用手前發之機時，要立即改用拔鞋、拔襪、開檔、落胯等發放，且不可使勁超過胯以上，以求不讓人知。

9/1 —— 練習要以腰腿勁使手，手不自動，亦即以腰腿打拳，手自然跟著移動而成姿式，即「**形於手指**」，上身不自動，只讓下部腰胯移動變化。

9/2 —— 欲要實踐「**其根在腳**」，只要用檔胯變化即可。又彼若以右側進迫前來，我攻彼左側，彼必倒，類推之。

全體要柔粘，欲柔粘，可用柔行氣，以氣柔身。

9/3 —— 欲求全體柔粘，節節貫串，練架就要求柔。

扭脫被制抱，勁應由檔及腿發，旋踝轉胯亦不可少。

多想以腿胯發人。

節節放開（貫串之法），內氣流行，方可全身柔粘。節節放開、處處放開即可得全身柔粘。以意運轉內氣，方可身上無僵處。

今天結論：重要在運氣，氣通暢，加上節節放開，氣繞足行，一切都就緒矣。

9/4 —— 節節放開，應注意放開雙胯及腰脊，腰胯能鬆開，根力下紮，此乃不敗之基。

以氣運轉為基本，運氣即呼吸，已大成。

想著天地，氣自然就來，人為天地所生，天地就是我。如想著自身，身必然有僵處。想著天地氣來發，自然就會隱身化風，達到天地人合一。

9/5 —— 今天全以運氣，每動都以呼吸運氣來動，氣繞足而過，以柔化為要旨。

氣上下運乃順，自會隨勢變化、圓轉。

9/8 —— 練架想著全身柔變，動也柔、靜也柔，柔我自身僵撐處。練架還是要練扭脫腰被抱住之想，這就是在練腰胯。或用胯擊人之想，這樣才能動腰不動肩與手。意想從地下拔出腿，下盤才穩固。氣儘量向足跟落，全身要求柔，尤其是腰胯檔要柔，足背也要柔，才不倒。

走化即擊發，不一定順彼勁勢之方向，合乎機勢即可發。要以天地氣發則人不知，氣要在地下旋才有力。

發勁多練原形不變，手不動、人不前，全是胯腰勁發。

動前先柔三動（腰胯腿之動為三動，頭肩手不動為三不動），氣貫足，掌合足，氣遍身走。

9/10 —— 以扭脫衣物之勁，在身內行氣運轉。人挨我，我以扭脫衣物之勁在身內圓轉化之，但化不可斷，要綿長一線相連，因彼不會一攻我即息手，一定繼續前來，可在架中練。

練氣在下盤腰足之間流運、轉動，氣在腰中一轉，氣即下至足，無氣感時亦要作如是之想。以挪脫褲腰之勁來動，動足是用拔鞋似的，凡動全在內氣之用。與人推手亦如是，遇力即旋氣，氣能旋得順，加之以柔變之心，往酸裡走（身上感到酸身即柔），則更佳。

遇敵硬來，將彼來力貫於足，以尾閭尖、小腿快跑引之入網發之。

9/11 —— 被拉時隨之上步，走到彼之後，或做假失足擊發，其中以中正安舒不主動擊人為最基本。或用蠕柔變內勁，反將彼拉回。

9/12 —— 與強者對推，提起精神，腿不離地、臀不離地，有人若無人。

9/13 —— 兩肩不動移，坐骨作先鋒，此一靜一動要認真做到。

不管圓在何處，在走架時，總要有個圈在身內某處轉，以順勢而行，求輕靈圓活。

9/14 —— 與人粘，只要自身變冷熱，以冷制彼熱，不可僵住不變。（冷熱即虛實）

用氣在腰腹轉，彼雖用功勁推我，我仍推出他。發時要有談笑用兵之心，力反而比認真發來得大，此是勁。

自覺可用手發時，即交由腿發，亦可交與腰或肚。可用力發時，即不用力，交由腿用柔中之力發。

此與前述之以手抱肚發相通。

9/15 —— 小腿先快跑，乃紮根之基。推手每在不知不覺間勁常向上浮，乃因未先動足，卻先動了上身之故。站立時，人推不倒，不是靠力抗，乃用小腿快跑及周身柔化無礙，才能不為人所乘。練架練怪怪的趴，小腿快跑，氣行不停，時時刻刻求中正為基本。

發人侵我，要用走化去發，在走化中，順人之勢，借人之力，或避實擊虛發。

9/16 —— 學拳練架，意念要放棄有形，交給無形，即交給心中的運作之法，則功力將大增。捨有形，要無形，即是將頂處鬆開，也是不接招，也是隱身，也是丟掉身內有感覺處。

先柔腰腿氣貫足，手足氣合遍身走，
扭脫衣物為運氣，節節放開節節鬆。
小腿快跑怪怪趴，中正安舒立根本，
丟去動形變陰陽，擊發要在走化尋。

打彼足跟以向下打，以下盤之力把彼根力向地打，並加上旋胯，較有效。

9/17 —— 有人推我，我以內氣柔化不抗。故練架亦要練氣之柔化，練至高境界時，意念全在內氣之柔軟變化，虛靈明快。

練架動時先求微微柔身後再動，如是意念幽微縝密，乃至高境界之途徑。

9/18 —— 動時小腿一定要先動，根勁始穩。

先柔肩頸，並以小腿快跑配合。

被人扣制喉嚨時，我以縮頸收喉即可解之。氣要充實於腿足，旋踝，以利小腿快跑。

9/19 —— 推手遇到頂時，一放鬆即是發，即頂到時，不可一味頂，要以全體一致放鬆之勢來發，不可用局部發，此即「**隱身化風**」。

9/20 —— 拉長脊椎、腰椎之勁，在走架時可順便練之。

氣之鼓盪以膝、肘、關節為根較順。

推手時，內氣要能不停轉動，變化活潑，使對方無從捉摸。不要定住不動，使彼可獲得我之重心。不停變化，勿有定形，則彼不易拿住我的重心，因我無定形。

立身總是不可用撐，撐則易折。

9/21 —— 用天地氣比用自身氣來得大、來得多。用旋，各處都可旋，如能完全發揮功始成。

練太極拳要練勢，刻刻求得機得勢，中正安舒，心中好像與大力者對推，氣在胯以下，以膝為鼓盪之根。練功在練勢，亦即力求中正安舒，支撐八面（任何一方來攻，均能應對自如）。

動用扭、蠕、旋、伸、縮，以扭為主，其他四項都由扭生。

9/23 —— 以扭脫衣物之勁發甚佳。先扭腰褲，一改為扭脫全身衣物發即發出。

我以雙手猝推彼雙肩，彼以扭脫應對，我亦倒退。我覺得用扭脫就一切都有了。

有狀況發生（即人推擊我），我即扭脫不撐，不可撐。走架在整個過程中用不離扭脫即極柔，因已無動之存在，用扭脫加八條線（四肢前後各一線），虛實變化即活潑、靈巧。

9/24 —— 扭脫可使腿臂相連一氣，可以腿使臂，以臂領腿，周身一家。

走架不是走形式，若走形式，只是一個形式而已，全無太極拳可言。每動每轉心中都在操作運作之法，乃能有功。近日要多練胯、腿、足之靈活柔軟，不能稍斷，一斷就浮了，根不實。腿足氣要比上身走得快，否則身即不穩。推手如腿中氣走得慢是很危險的事，腿氣比上身先動，即可得先，如慢則失先。腿不可直來直往，在運動中腿內氣一定要順勢變化，由足踝旋扭來帶動腿氣變化。

9/25 —— 主動發人時亦可用隱身化風，用作準備發之勢即可，內加扭脫才勁大。

要鬆三動（腰胯腿之動為三動）就得用跨坐欄杆之意，此時全身鬆，兩腿酸。作隱化時兩胯實已下坐。

9/26 —— 柔要柔得愈長愈好，不可一柔即止。

我用旋氣彼即無從應對，與用直攻大不相同。旋之根本在氣在身中流動不息，然後可旋，要緊的是要在閒處旋，故旋我已進入可應用之境。

旋時把對方當作一個大石牌、大石頭，用旋轉內氣之方法把它推走似的，一直用找閒處旋轉，以準備推之心推之，避開大石塊正面，在側面作勢以旋轉氣推之。

一直用化的心去對應，無論攻守都要用化對應，也就是在求不頂。

9/28 —— 有心要制人總是不對的，這樣一定會身先僵。要將人拿住後，運用一得機之處來發，人自可跌出。

將人浮動後即發之。平常只將人稍稍浮動，不會遠。若要遠之，提勁就不要停，連續提下去再發，彼即遠且跌。如將彼拿住後，用氣線運氣發，比凡發（向前直發）要高明甚多。

9/30 —— 在某處已被迫到底不能再柔即改柔他處，要靈活，不可呆滯相抗。

10/1 —— 用虛處動，不用實處，因實處已老，虛處為新生。用實處身僵，用虛處身靈。

10/5 —— 不可用凡想之法發人，凡想發是一般心目中所謂的發，一定手上有力出，要用氣由腿向下注，或轉動內氣發。身內氣勁之轉不可停，有兩氣同時逆向轉時即成扭旋。內氣要充實靈活，一切全交給氣。

10/12 —— 一想天地氣（身外），勁就大，拳主要在練勁，想身外之天地氣，不用自身勁即大。如氣在身內，則氣呆滯而為人知，用身外氣，人即不能知矣。

10/17 —— 被擊到實處，因雖柔化而不綿長，產生相頂。是以化要愈長，彼停動己仍可動。

動時，若用凡動就動了手，身就不能鬆，而是要只動腰以下，不做凡動。

推手者，只虛虛地攏到人，不觸人，亦不讓人觸。細聽彼之虛實，伺機拿之、發之、化之（化無底）。

10/21 —— 動必先柔，動時要動下不動上，動內不動外。心中要靜不要動，雙肘不動，雙臂不動，只動下，腰下暗暗自動，不讓人知，下與地氣相鼓盪，上接天氣（極微即可），雙腳如陷於泥拔不出。

10/22 —— 平時要多做開襠落胯，一直保持在做準備動之狀，則得機得勢。

10/23 —— 氣若相錯運行則氣來得快。攻人時要主動中有被動，亦即化人之阻力。練勢不練架，練氣勢，不練外形。

11/9 —— 要求得機得勢，即要隨時找化發之機勢。今天盤架以踵頂相連，不做凡動，只以頂、脊之氣與腿氣運行，主要仍在於腿氣之旋動，以臀為肺來呼吸（內氣），放襠落胯化發彼來力。

11/11 —— 推手調整姿勢就是化發，練架時隨時要存遇強手之心，在化中找發，有順勢發，有擊其虛，每

動均為發。

一貫做怪怪的身姿（主在腰胯），怪怪之處為新開展之處，非平常常用之處。

11/12 —— 倒、敗是練柔之佳法。全身勁力全交由腿與腳負擔，意氣走內檔，則身柔。人要我倒我就倒，不反抗，順勢行；要我跌我就順勢跌，要敗時我就敗，敗中有勝，此捨己從人也。

11/17 —— 打拳在動作中心求不用力，即是用意不用力，則勁氣自會下沉於腿足。以行氣為主要。

11/18 —— 用行氣與人推則彼不知，故易制人。氣在身內較滯，在身外較活。發時以氣由腰椎下貫發效果大，若勢斜，用胯靠彼實處。以鬆為引，引是順人之勢，隨人來推，引至身相頂不能再鬆時，即用身移動來化，彼即落空，故化中有發，即鬆至改用身化時即生發。

11/19 —— 練架不忘在舒筋暢骨，行氣活血，氣過足底，以呼吸為收放，上臂沉落則肩背鬆柔，周身氣勁轉動靈活。

11/20 —— 練柔身不外以舒暢筋骨，扭脫被制取柔。

發時側面用胯靠，正面用趴勁。

11/21 —— 發時，兩臂抱肚勿屈，足跟拔鞋。

11/22 —— 氣如完全下至腰、臀、胯、腳，就不會被擊倒。

11/23 —— 發時兩臂勿屈，要掤好。

不可小覷氣在膝蓋內轉動，此可紮住根勁，氣轉動時用腳掌之力。

力沉於小腿不可斷之。發，切不可有向前衝之意，要以我之冷處貼吸或吸取彼之冷處。發時，手以無力不動，彼不知我而已跌出。化時，用延坐（請彼坐）則寓攻意，使之入網。逢頂必轉（在關節內轉）。隱身化風，或放檔斷胯（於硬力壓身之瞬間）發。抽絲繞足，想做即可，不可真做。

旋用心想即可，不必真做，勿失機勢為要。扶而抱之，腿面上送亦發。應彼猝擊，以大步退後化擊之，前後腿均可。遇上柔下穩者攻來，我以小腿抄掃（只是意動身未動）彼之足跟，上身不令彼知，要向彼之黑洞抄之。大力壓來，坐而抱之不克，即以小腿抄彼冷處。彼動時用檔腿之氣繞足而擊，小腿之勁不要斷，動哪處即旋哪處（加柔），氣在身外、地下轉，不在身內轉。

發人時除用縮腿、震腿外，如覺可發時，亦可用手抱自己之肚之意發，亦為腰腿之力。順人之勢，借人之力，用臀底做效大。彼大力攻來，我以臀作敗意（胯腿即鬆），扶住之，彼即倒。轉時帶吸蓄容藏，吸彼虛，不吸實處更佳，以我冷處貼吸彼冷處為真發，非向前衝，以吸彼之力發之，彼不知。可很輕轉全身各關節為發勁，要速轉才能發，緩轉不能，速轉後腿自有縮震等勁。遇力即將來力隨氣下貫於足。發勁之轉是上下縱轉，非左右横轉。相對持者乃用勢，非力之相抗。中垂線移兩側變動使彼無從捉摸。

以腰動腿，雙手自隨。柔下上自柔。化無底即用走化發，捨有形（人知）要無形（人不知），搶機勢，用實處身僵，用虛處身柔，我退步彼如跟進迫我，我可大退一步搶彼之勢。彼上柔下實，我以小腿發或以意用足抄彼實足跟或黑洞。手抵住彼身時，心中改用抱肚之想可將之發出。

【第七冊結束】*1996*年*6*月*12*日~*1996*年*11*月*23*日筆記

【太極拳本體】

學習太極拳，一般無不認為拳套姿式是太極拳，是太極拳的本體，會了外面姿式是會了太極拳，打外面姿式是打太極拳，這實是一個天大的誤會。太極拳不同於一般的拳術，並非外面姿式，各家先輩宗師無不有太極不在外面之言，由於為外面姿式的觀念所誤，以致苦學無功，輾轉相傳，太極拳也就成了一個全無作用與意義的姿勢動作。

太極拳是內家拳，是一個內質，在求其內在之功，正如一本書，是一個內容，而非外面形式。古有拳論、拳經、十三勢行功心解的傳承，才是太極拳所在，太極拳的本體所在。有所謂由外而內之言，若求的是外在姿式，又何能明其內質、得內在之功，值得深思！

拳論是太極拳的理之所在，拳經重在言拳招肢體動作的內在運作之法，行功心解是功深以後運作內在意氣，是古人言太極拳所言的太極拳，打太極拳所打的太極拳，能明白與了解其意義，才是見到了太極拳。僅介紹於後，以供學者參考研修。

11/24 —— 推手打拳首先要單腿站正，並要蹲身屈膝，加上弓腰始可上下一氣，此時立身有些怪怪的。

氣不但要足，更要靈活鼓盪。

推手打拳都要求有活路，不可死撐。

平時練拳均要將氣充至兩臂兩掌直至指尖，始能發揮彈力。

11/25 —— 上身任彼去推，用胯腿與之因應，在遇頂力時以意用腿擊發，或用貼吸、震腰等發之，心中不可有發意。敗勁是柔法，如果有想取勝之心，則本身就先緊張發硬。

11/26 —— 以舒筋暢骨之意練架就可配合呼吸，一切交與氣勁。呼吸以身不以鼻，或以皮毛呼吸。

「上天入地」，即每一動都要儘量做到深且廣，周身一家，尾閭中正。先舒後動，先放後舒，凡動必有摧毀巨物之意，有上天入地之氣概。

11/27 —— 要做到「**上天入地**」可以用好像用大力之意去動，驚天動地，氣概萬千。

姿式要中正美觀，即要兩胯內涵（後抽），並弓腰身正。

11/28 —— 用身手制人，彼易知，我以氣上下運行制，彼即感壓力而後退，可見氣在身內運行，亦可攻制彼勁。

用胯靠發人，以好似以腰椎冒出己身之想。

11/30 —— 以氣在身內運行制人，人無可抗，要多練氣的運行。

以腰椎開合發人甚佳。

12/1 —— 彼說我勁太長，短就好了。此是言我發他之時，勁長就失根勁，短就有根。先舒後動就短，就有根。

要身體舒泰，內氣之運轉一定不可斷。要柔宜將身內顯現之力全交與脊，即一切動力均繫於脊，身之他處即無力，即可柔。

12/2 —— 用長勁發人無根勁。如先舒後動，就有根勁。

12/3 —— 要身體舒柔，內勁之運轉不可斷，將身內顯現之硬勁交與脊或頂。

推手以挪褲之意發，即振動脊骨，力由脊發。在化中接上彼之力，一感有，即挪褲震脊發之。

12/4 —— 打拳須認真用意不用力，好像用大力但未用力，有不被人拉動之意，即有反勁。全身舒柔，氣充於四肢足指，以皮毛呼吸。

12/5 —— 動乃內氣動，不是身動。不能想比招式，要想整體在動，想整體動就會以腰胯為主軸，以內氣呼吸帶動外形。

12/6 —— 不可用手制人，要以氣意整體制人、發人，效力大很多。

今天以吸彼之力發人，即將之發出，雖輕微但彼跌出甚遠。

舒柔無力產生不可抗之大力，此乃勁，在彼身上完全顯現出來。

將彼勁一接到，以抖脊骨之勁發之即可，用脊不用手。

不用手制，用手人會知我，以運氣彼不知。

12/7 —— 以吸彼之力發最佳，用心聽清彼之力靜心吸之，不需用意壓制彼推擠之。吸時用內氣前後轉動亦

有效。

12/8 —— 求靜，動中求靜，即在動中心中力求靜止不動。

吸彼氣時，將彼氣吸入我身後在身內旋轉。

打拳要有氣勢如虹旋轉，為最高法門，將外氣吸入身內旋轉之。

柔從手指柔起，身乃柔，即每一動手先動，隨即鬆開力以臂掛於手指，臂乃柔。從手指柔起柔向身，不是由肩柔向手指。

12/9 —— 以吸彼力發，既輕又脆，用腰脊吸更輕。

以不想出力推人制人之意，反可將彼推出，此乃柔中生力，即內勁。

要先放後舒，吸彼之力。

站就想著是在躺以求鬆身。

進要氣勢磅礴，找彼勁之空隙鑽。假想推山倒林、飛沙走石、橫掃群強、粉碎巨石、拔樹倒屋，此乃必要之用意，試用時氣勁甚強，勢不可言。

12/10 —— 動不但會用力，更會錯亂身內骨節，而致產生互擠而僵硬，故動時先要放舒。

每動須有用意氣摧毀巨物之意，如刮颶風，要想得具體，飛沙走石、崩裂粉碎，但不可出力，僅用神意，這樣就氣勁充沛周身。

用氣制人，彼感有壓力，不可用手與身。

動而不出力，是為佳法，力會交與脊。

氣僅在身內運行還不夠，要氣有拔樹倒屋之意。

12/11 —— 要改觀念，發人用吸彼之力，不出力，不想進，準備中，以腰椎吸，氣為兵卒，心為主帥。敗中搶中，不可撐。

吸彼之氣入身後，要以旋意散開，否則仍有頂力。

動皆化發，任何姿式都能化發，發不是衝向彼，而是發動自身之勁，如用挪褲、拔鞋、吸回等。氣由頭頂下至兩脇再至腳力大，或以腋下帶頭用勁，加入脇力亦大。此非力，實是氣與勁。

兩人相頂，彼所以得機得力，乃因我身與彼相頂而有僵處，要處處散開，全身無僵。每因彼大力來而用撐頂相應，而使彼得到著落處，故應用蠕吸彼力應之，吸入後即旋散之。

發人不可用手臂震，用挪褲即用腰胯震，力乃大。用以腰椎鬆脫褲發亦可，均為發動腰胯勁。

吸彼之力，吸彼身內力之根，是用意來吸。

12/12 —— 每著力動時都要著力到腿，下盤始穩，不必刻意去想，關心到即可。

今與人試，他用力壓迫我，我用吸效力微小時，改以氣在脊骨運將之擊出，甚有效且力大。

吸彼之力，以意用皮毛吸則輕，用筋骨吸則重。

柔身用放、舒、蠕、扭脫，凡動均如是，此為練拳之身動，心理狀態要不想動，不肯出力。

12/14 —— 與人推，彼急攻，我以足縮回腰椎發之，要學習在彼攻時如何發之，發人是手不動的，手不動，以腿縮向腰發，要在架中練習。

腿向腰縮成發勁。

更有佳者，以骨節收放為發，全身一致，全在骨節之收放，此為甚佳之功法。把骨節縮小後放大發，一收一放的練。

12/15 —— 練架每於轉換時產生著力，即視為被人攻擊而化解之。要動得大，不要有底。

練拳為伸長縮短我之身體，尤其是伸縮腰脊。

以氣在脊中走，應對人效甚大。

我以對抗時不想與彼抗，只用吸彼之力之想，一心吸彼力，化解彼力，待機發之。

以兩足或兩腿縮向腰椎為發勁，用腋下帶領。

12/16 —— 制人，彼活而不易制，我以隨化隨進，避熱取冷，彼即不易應對。故「化」有化進、化退二者。

12/17 —— 今練拳深感全身必須和順勻均，以腋下助扭脫褲腰就可做到，每動必如是來練。

12/19 —— 與人試，推人時氣不衝向彼，而以氣在自身向下吹，彼不感我有動而被迫出去，相當於用「吸」。

再者任他去推，我一心以蓄勢準備用胯擊發，彼亦出去，不但不知無可抗，而且舒暢，我可出其不意發之，無論他立身是否中正且安舒，一概可予擊出。

氣在身外轉較之在身內轉好出甚多，彼感輕而不知。

與人試，我用氣在手或身內轉圈，彼稱十分厲害。我練此以圈攻已較純熟，功境進入另一層次。

在沾粘（任他推）中擊發，可出其不意。發時以扭脫胯上之褲之想即全是腰胯勁。

12/20 —— 彼攻來，在吸彼之力無可再吸時，即時改用氣在骨節走，或轉動氣化解來力。以腰椎發放時不是向前衝，而是以腰椎向下縮之勁。

以腿縮向腰發最有效便捷。以手中氣在彼身轉小圈，彼覺全身散亂。以伸縮身體發揮全身整體運動。

12/21 —— 今試人，彼推我，我至將敗退時用敗了敗了的思想，彼即無法進。前日與人試亦如是，此由於以敗心身即柔，內勁出。用縮腿發力大且順。

12/22 —— 立身無論正斜都要有中垂線。

12/23 —— 授彼發人時用肘不用手發，均有實效，即將肘伸長出去，肘動身不動帶動內動。

制人時因彼靈活，我以氣在身外不使彼知，但氣在身外無根，故以意想我合北極星或用皮毛攻，均能氣不在身上走而能有根。氣在身上乃用肉體攻擊，在身外則全是意氣，故氣要在身外，人方不知我之力。

縮腿發擊可普遍應用，均可用，且有實效。拔鞋發人亦然。

12/25 —— 打拳要活動兩腿，使兩腿軟綿靈活，腿氣可在膝轉動。

被人迫緊時，用提虛腿退敵甚有效。如要攻時也可用提虛腿，自可將彼推出。

用氣旋來制人退人有強力，人不可擋，旋時氣也要在臂上旋方有實效。

12/26 —— 練用腿、胯、膝、足各處均可發，用縮的勁來發。

12/27 —— 勁集中於兩胯，心中以兩胯應對，刻刻心在求胯之靈活，可說一切活動全在於兩胯。

與人相迫，以提虛腿或用縮腿，均能迫人出。

以心合北極星使身放鬆，彼落空，與不想頂人之意相類同。用氣在身內旋轉，勁力自生。

以縮腿、拔鞋發人，均便捷。

12/28 —— 彼硬力攻時，我以抽提兩胯，避實就虛，彼即不能進，無隙可進，再以兩胯避實就虛，攻其冷處。

以氣上下轉抵彼進迫，彼如在推牆壁，再以螺紋旋即生大力。

以氣作浪，拋彼之硬力，使彼之硬力好像是浪上的硬物，彼硬力來時用柔浪拋浮之，不用傳統之化。

兩胯之活潑靈敏為制敵之本。

提腿助攻化，代替手動，彼不知，易取勝。

12/29 —— 用力則氣上浮，故易折；不用力氣則下沉，故身穩。以氣如海浪，將來力視同硬物，從側面予以拋起，與胯之避熱就冷之意配合，胯之避忙就閒，即可使人無從落實。

12/30 —— 以皮毛攻合北極星（光照皮毛），有神力。

用縮腿拔鞋發仍為有效之法，縮前腿可出其不意。拔鞋用於放勁敵，可不為彼知而出。

在百會轉氣發人，甚便捷。發時不可有絲毫凡俗的發彼之心，用氣轉動即可。

1997/1/1 —— 既然涵拔、沉墜、開坐需要練，何不練之？練時功勁大增。

1/4 —— 對大力，以提虛腿即可退之，比轉氣有效。練氣之運行，以臍呼吸，由皮毛吸入，再充於皮毛及四肢反覆練。

1/6 —— 今與人試，上身完全不許動，僅以胯腿膝動效甚佳。不動上身，以縮胯、跪膝發亦有效。

彼攻擊我時，我急速攻彼冷處，遇頂亦不要緊，有頂始有冷處。

1/8 —— 以八條線（在四肢前後）代替縮腿、拔鞋、脫襪來發很順，且方便。

1/9 —— 活動以拉放周身關節，一拉一放以練內勁，不可無之。

1/14 —— 拉扯開各關節以柔身來拉。

打拳兩手伸得遠些，但不要僵，氣即在臂中流貫於掌指。

1/15 —— 用手前伸很容易，同樣用腿下插也很容易，何不用插腿發，插腿入地。發人不用手前伸，用腿下插之力，處處作好插腿發人之勢，無處無之。到時腿猝然輕輕下插即可，此縮之外之另一發放之法。

1/16 —— 發人用氣自腰椎下貫更快而人不知，千萬不要想向前發人，如這樣想，則為人知，彼會反制我。只要想以氣向下貫，彼自會被發出。

1/17 —— 打拳以假做與人相搏之想，假想與強手相搏，無人若有人，即是在練神意氣。

1/22 —— 打拳要假想有對手，於是動作立身均必似怪怪的，且有屈膝、蹲身、上跳、快跑之內涵。打拳不是一般常態之動，所以要覺得是怪怪的。用一般常態之動，只是做做姿勢動作，無關太極拳。

1/23 —— 怪怪的就是屈膝蹲身，在蓄勢。

1/24 —— 誰與他粘來粘去，只是請其坐（引之上我腿上來），即柔行氣，得機後即發放之即剛落點。先則引其上坐以蓄勢（使之落空），繼則發之在瞬間。

練架勢勢處處作蓄勢擊發之勢，不可無之，所以覺得是怪怪的，蓄足即發，發後又蓄，成一蓄一發之狀、一開一合之勢，或蓄與發合為一體，即同時作蓄發，蓄中寓發，發中寓蓄。變化在順彼之來勢，並要假想在對付強手。一蓄一發即一吸一呼，以蓄發行呼吸，以呼吸來蓄發，勁即出自兩腿，否則兩肩易動。以蓄發行呼吸，成一起一伏之勢，處處找此一蓄一發，勢勢存此蓄發，勢勢都在呼吸，所以虛實開合，即是拳經。

2/1 —— 推手順彼來力來勢，作好我蓄發之勢，乃腰腿擊發之勢，不連上身在內，只在腰腿。彼每一動，我均用如上之態勢應對之。

2/23 —— 凡是動均以周身氣勁轉圈圈，大動大轉，小動小轉，不可不轉，與人試甚實用。練到純熟，誰侵我均將之滾走。主要轉檔中之球，兩踵必旋。啟動時先以轉為動力，原地轉，不是先移動。

【拳經 解】

拳經所言全是太極拳的內在運作。太極拳的本體是內在運作，非外面的形式，一般學習太極拳，多認為拳套姿式是本體，在外面姿式求太極拳，實在是觀念上的一個大誤，而致枉費工夫，從各家先輩宗師無不都有太極拳非外面姿式的提示就可知道，實值得認真思考。

1、「一舉動周身俱要輕靈，尤須貫串」

此言即是心中的內在運作，太極拳的本體與作用在於輕靈及貫串，不在外面的姿式，任何姿式都要保持輕靈貫串，不可只有姿式，只有姿式只是一個空形式。

「輕靈」是要周身輕鬆靈活。太極拳不同於外家拳，外家拳求用力，周身堅硬呆滯；太極拳不同，要求輕靈不用力，而求產生內勁。

「貫串」是言內在氣勁要貫串，就是要連為一體，不可散亂。

輕靈貫串是太極拳體的基本，有了體才能有拳的用，所以沒有輕靈貫串就沒有太極拳，只求外在姿勢形式又有何用！

3/1 —— 練拳要無人若有人，才是練拳，不可打空架子。

與人試，以氣在身外轉彼不知，在身內彼即知，故氣要在身外走。

3/3 —— 彼壓來，要以腰腳先化乃能化淨，不能只用鬆肩胸來化為要，否則即生頂抗，不能化淨。

3/4 —— 一正萬事備，不正樣樣空。正者周身各關節都要端正相對，勿使身上產生擠壓。

3/6 —— 要練習動中柔變，以伸縮扭旋來求柔，要極柔極柔，人壓我，我以柔身化之發之。

人衝來，我研悟如何拿之上手，使彼入我勢中，搶奪得機得勢等等應敵之法。

3/7 —— 內外相合，即在呼吸中動作，在動作中呼吸，在運動時，視情況以運動帶呼吸，或呼吸帶運動。上下相隨，即三動（腰胯腿）三不動（頭肩臂），上下互相隨合。

3/8 —— 襠中轉圈有實效。

陰陽相濟不慎把彼擊倒，如因相頂未相濟，應立即求相濟，使陰陽不衝突，相和相濟，為求真之本。

化、柔都不可有底，要長而無止，方可發揮功效，使人落空。

3/9 —— 彼以硬力推來，我以意在檔轉球，彼跌出。彼以鬆勁過來，因較沉，我不使用檔勁，用足勁轉將彼擊出。

今天以「隨」教人。「隨」與「化」不同，化只閃開彼力，隨則順彼進擊之勢隨之，內中含蓄發之勢，故隨甚重要，要明彼之勢才能隨，隨要沒有底，感覺到要以轉檔中球配以旋踝助之。

3/10 —— 隨中能順就是陰陽相濟，使成一太極。隨中求順，內有貼。

3/11 —— 推手如隨不好就失敗。隨要用轉，變內氣，不用退。

只轉變內氣不退身形，轉變內氣即已是退與化。

隨要隨得順，將雙方想成一體（一太極），彼陽氣來，我隨順之為陰氣，同時以陽（另一部分）氣進貼彼陰氣，陰陽二氣互動，此即一氣分陰陽。彼以陽氣襲我，我隨順之處為我之陰氣，我另部分為陽氣向彼陰（虛）處進貼，陰陽相濟。如我不能隨而感相頂時即非太極。

以胯中轉球，彼落空而倒，此亦即只轉不退之效應。

在動作時，主要以扭為動源，如上身作某方向動時，下身作相反方向之反動，亦即不可向同一方向動，這樣反而不是上下相隨，而且根不穩、無內勁。如以相反方向轉（即扭），則生內勁之變化，力源全在扭身，如是則周身錯勁始能形成。

3/13 —— 練時以各關節扭變為主，人在原地不動不移不變，以關節之扭變而動，乃關節中氣勁在扭轉，非關節真轉。

要求一動無有不動，要以鬆轉一處，其他各處相應全動，必須如此，以使周身一家。此是內勁之轉動，非形體，形體是做不到的。

3/15 —— 人稱我以節節貫串轉動，較純運氣為難應付。全身各處有如小輪，檔為大輪，好好練轉。

3/16 —— 進退以內勁之轉動而進退，不用移，用轉即

柔而活，移則滯。轉是後天學習之功，移是先天自然之能。

思想不可純以化，要避實就虛，粘貼不離。神極快極迅，以覓細微之點變化之。

3/18 —— 同上，人侵吾，我不應以移身應之，應在身內自變，即以身內之氣勁轉動來變化，身即不移自移。

用移足會浮起，用身內轉變即有根。故在動的觀念上要改變，即不用平日之直覺的動來動，要改動為旋轉身內氣勁，自可身柔腳有根。

3/20 —— 與人試用大力相頂，彼稱我以內轉小圈較一般的頂好得多。

3/21 —— 陰陽相濟，是周身滾球追求的目標，研究的園地，檔內轉大圓為基本之圈。

3/22 —— 與人試，相頂時即以放開重新再頂之心不頂，身即鬆開。連續有頂時連續作，必以不想頂之心為之很有效。因太極拳的法則為不可頂，故頂時即鬆開重來，遇頂即做，彼必被迫退。

以旋轉應對時要順來勢轉，只以轉則不活，不符來勢。

3/25 —— 胯關節在立身時要有斷裂意，身方鬆。在發時將胯關節再一次斷裂反有大力，即是勁，此全是意。

3/26 —— 將彼勁吸入身內後，以內勁旋而發之，愈輕愈佳。以腰脊吸彼之勁實佳，運氣要有拔樹倒屋之意。隨時似鬆非鬆，做好急發之機勢，可於遇彼硬之時應聲發出。

以脊力發人則較順遂。

發以震腿或以腿縮向脊或手臂均可，或縮向彼身虛處，或將脊骨縮或伸，均可發人不見形。

拳之快速，乃內在意氣轉換之快速，非關形體。必要時以氣引發脊骨變化。

被迫緊時，用提虛腿自可將彼擊退（攻人時亦可），此乃虛實之運用也。或以抽提胯，以冷擊彼虛，以應大力。

發勁縮腿時同時有縮臂之意，可使手不扁不屈。

以八線來應付變化甚靈。或以兩胯互提，棄熱就冷，亦為應對之佳法，類以提虛腿退大力。

不以臀部磨地，可用以臀拔地之力，則勁下沉穩實。

3/27 —— 逢頂必轉，重頂重轉，輕頂輕轉，轉內在意氣。

化無底。雙手扶到，恐彼跌倒似的。

3/28 無論在任何形狀姿式，勁在小腿，綿綿不可稍斷，即上身柔而下有根。氣向下貫，繞足而過，膝中氣轉，可「**身似柳絲足盤石**」。小腿勁愈大特大，根愈穩，身愈柔。要求勁全在小腿，身上全無，可用小腿快跑之意。

人以硬衝來，我輕輕放檔，彼即跌出。此因我輕輕放時，檔胯即舒沉而生發勁，可加用斷胯，此實與隱身化風有異曲同工之妙。

要以化為攻，以攻為化為上乘。化不忘攻，攻不忘化。

自覺氣勁周身旋後，很多功法都自然上身，不用刻意去做，檔中轉太極球為練轉之根。

動哪裡即旋哪裡。

在以雙手扶住對手時，以手抱肚發（全是意，非真抱），類同縮腿、震腿，且可扶住對方。

大力推來，以臂底作敗意扶彼，只要彼存心攻擊，即可將之帶出。敗意要做得徹底才生效。

轉時帶吸蓄容藏，吸彼虛處，不吸實處更佳。

3/29 —— 推手要隨時保持可發、找發之機勢，使任何時刻均可發，讓彼感很「安」，實際上是在我發勢之下。故練架求一靜一動，靜者蓄機，動者發放，緊要在於發時不令彼知。用縮腿發放即可人不知，縮腿發用縮至腰椎更順。

3/30 —— 發勁以全體各關節轉，比縮腿有力，為整體力。用速轉，如緩轉彼只被滑走，速轉才能發，故逢頂必轉。如以速轉即可發放，不必作縮、震等，速轉已含蹬縮等勁。

遇力即將來力隨氣下貫於足。兩方相持者為勢，非力，「智者對勢，愚者對力」。

我宜制彼於勢未成之際，若彼勢已成與我相抗，我宜先使之落空，脫離彼之力，而後以意用小腿之力掃之，或以足抄之，或猝放之，其要者為化脫彼力，使之落空，善用虛實之法鬆脫彼力，或察其明暗，攻彼黑洞，彼下盤穩實，我以意用足抄之甚有效，更要抄彼整腿之力，以借天地氣抄之更佳。

3/31 —— 中垂線可向兩側移動，乃可活潑。加上八條勁線互相變換，靈活無比。

以腰動腿，雙手自隨。可以此轉動檔中太極球。

請彼上坐與我腿上，我自得機得勢，即將來力引至我腿上。

4/1 —— 側線（兩脇垂直線）一定要有，否則身僵雙重。要練功不練形，心中一想形，身一定僵硬，故欲動時即作功，作功才能柔身，用動形一定僵。

化無底，用走化發放。

授人捨有形（頂力處），用無形（非頂處）搶機勢，彼功力大增。

4/2 —— 大力來頂時，我若身僵則功法即用不出。故彼力愈大，我愈柔，搶無形，捨有形。

全在搶無形，全心搶無形（即不相頂）。如能全做到無形，乃可陰陽相濟，人無從勝我。無法做到陰陽相濟即成敗勢。

扭脫之勁不可無，不能扭脫時即用蠕。

4/3 —— 無論攻化，用不頂不可有底，要愈長愈遠。

心中一直使腰胯特別柔。用實處身僵，用虛處身柔。

打拳以臀磨地、拖地、輾地為必要，乃可身勢保持下沉，打拳乃以臀抹地而已。

4/4 —— 太極拳者太極也，如捨有形要無形、陰陽相濟、棄實就虛、冷熱、明暗、忙閒、順隨、不丟不頂、隨屈就伸、捨己從人、引進落空、沾連粘隨，在在都是太極陰陽之理的運用。

與人粘不保持發放之機勢，實自己之錯失，刻刻都搶發放機勢才是。不可化去即了，化不可有底，否則失去制發人之機。

實行陰陽相濟，在內氣之靈活轉動。內氣轉動以著力於八線為根，始可靈活，非只在身內中心轉動。

化時變時足勁之動度要大（心中之意勁），乃能保持優勢。

足之動度（意）要大，立身始穩，變化始靈快，雙足始有根。足雖動，但仍在原點，只意動。以往只身動，應以足先動大動為宜。

4/5 —— 要刻刻保持發放之機勢，不保持實很可惜，以保持請坐為最捷便。待彼進攻時即請之坐，無時不請之坐。

沒有自動（俗動），動時必以功法代之。

4/6 —— 發時不可有俗動之想，要隨機隨勢用不同之動法發之，發之方法多不勝數。

鬥牛用緊追彼勁之後，彼一動，我即抄其後，要掌握彼之動。我化之即抄之，化而無底即為發。彼直衝我，我側身抄其後；彼若定住不前，我續轉彼即隨我而轉，無從反抗。

鬥牛時要力求自身之鬆柔，似鬆非鬆，將展未展，方可發勁。沒有動，只有轉球，故發放亦不用動，只用轉球，如果動了就將勢弄亂了。轉球是身內氣勁的轉動。

4/7 —— 化不可有底。

在對抗中找彼黑洞較難，在化中找彼黑洞勢順且易，故在化之同時要找彼黑洞，以求發彼之勢。黑洞即為可攻擊處。

正面來力無從化時，即向左右側身化之，並發之，化要無底。

在攻人時用化較難，此即要棄熱就冷，如水之前行，遇隙而入，遇阻即停，或走其側。

立身似鬆非鬆，將展未展，人進請彼坐，化無底。得機時以抱或趴發之，提頂吊檔，勤練此數點即可成高手。

以縮筋發勁。任何筋都可縮，只要得機就可縮，縮是動力。其實縮筋可有多種縮法，而且身既穩且未動。

4/8 —— 鬥牛時不可只化，要順勢搶勢，以臀胯部扭變搶，化不可有底，抄彼勁之後攻之。

欲動必先靜，由靜生動，靜由舒生，欲靜先舒，動中仍在求靜，否則身僵。求靜則身舒，舒則身柔。

接手將來力以氣引貫於足，接點雖在手，但下部尾閭尖及小腿中之氣流之變化極快、極迅。對付對手全在胯腿之快速變化，故變化在下不在上，練時要上部安之若素，下部迅速變化。

不接招，不接彼之來招，只用化。

4/9 —— 太極拳進退千萬不能用自動（俗動），而是要用功法來動，以求功，否則是空動亂動。進時有退意，退時有進意，方可根不浮。動時以一側腰胯伸縮旋轉為宜，非常穩實。

4/10 —— 今以氣在骨中走，彼即無以應對，以化陣風

亦有效，因彼不知我之動靜。以跪膝為發亦有效，當自身後仰時，用膝跪發或化無底，此時力全在小腿。

與人周旋，首先要保住自身之鬆空柔綿，然後才能發揮功法。如身僵硬，則功法就無法使出來。

讓彼進來，我化無底擊之。

另外，彼來我隨時隨處均可發放之。

與彼粘時要不接招，找黑洞，化無底。

4/11 —— 起勢不以抬手之想，想沉肩涵胸、鬆腰坐胯則氣即沉丹田。

今天於動時先搶勢作鬆腰坐胯等，手即不亂動。細研鬆坐，全以腿腰承負一切變動，方能下沉有根。

要身穩就要上虛下實，宜每動時將勁下貫於下盤，尤宜貫於空無之虛腿足。因凡一動，足即會浮，故動時首在補足腳上之氣。

4/12 —— 今天以節節貫串化，彼攻我，我用之，彼每跌出。

4/14 —— 被壓後仰時，以適時退步必勝。故步要活，退時不令彼知，必須要適時適勢。亦可以進腳攻擊（在與彼相持時）。

在化中順勢找彼黑洞為要，不可只化。

化中只找彼之黑洞，即成陰陽相濟。

4/15 —— 每一動均練氣下充於足。因推手時氣不可稍有上浮，而致兩腿空虛，故要下充。

4/16 —— 凡動就貫滿兩足之氣。

前進有向後意，後退有向前意，向左即向右，向右即向左，以平衡我身，不可稍斷，內勁乃生。稍斷即授隙於人，亦即要有一逆向動之意識在。

4/17 —— 用線（意想身內有一根線）穩住身、足氣補足、以身內氣吹人黑洞（虛處）、醉太極（似喝醉後打太極拳，身體柔而無力）、腰胯比別處要動得多……，凡此都很實用有效。

4/19 —— 化解來力用落胯即可。左來左落，右來右落，甚實用且靈活。

相頂時以猝然落胯化淨（或撤步），使彼落空而擊之。立身以屈膝蹲身方可使身下沉。

用吸對付彼力有顯效，與人試均驗。

相頂時用換步或提腿均有很好的效果。以退步引大力使彼落空跌出。

4/20 —— 氣充於足，使根勁穩實。

每動先問一問足氣貫滿否？是否有根？呼吸用足，練氣貫腿足。

無論進退，接點不可動，下部氣流轉極快速，以不接招之心，攻彼黑洞。

4/21 —— 發用縮骨（將周身骨節縮小）之勁均可發出。

接點不動，全身氣流行極速極快。

氣下衝至足即可發，試人屢試均驗。

4/22 —— 今天發用身內氣勁猝暴力大很多，比想到用手臂振力大，即不要用手臂爆發，而要用身內氣勁。

4/23 —— 今以找人閒處發授人，此即避實擊虛，陰陽相濟，拳經之「**虛實宜分清楚，一處有一處虛實，處處總此一虛實**」之具體應用，彼用之甚有效。此可與周身轉球相配合使用，轉球亦甚有效。

一面轉球，一面變忙閒（即變虛實）。

4/25 —— 動時要使身之著力部分為最柔，避用僵處動乃可鬆柔。

動時一直搶自身著力處柔之，柔局部可柔全身。

4/26 —— 練功走架時要以讓對手推不倒之意練，用化，非用頂，如此勁沉腳跟，增長內勁。

4/27 —— 練架要存化去大力推我之意，則意勁下沉於腳，腳勁要先動，不可肩勁先動。用以足拔地之力之想，上身勁即一起下沉於足，以足勁為根。

氣充於小腿，在小腿表面流行，根始穩，身始柔。以不讓推倒之意，即氣充小腿。

氣在身內走，人即知我。氣在身外走或在骨中走，人不知我。

我用陰陽相濟，人覺難對付。

4/28 —— 與人推，覺輕輕接到即可發。發時一定要接處不動才行，否則人即知應對。發不成可改用隱化，感覺彼一有力加於我身即用隱化發之，主要手全不可動，不動手才可以，要不動手以不動肘即可使手不動。

4/29 —— 氣要限在腰椎以下走，疏通兩腿氣路。無論如何動，要以動帶動腿足中之氣流行，以疏通腿足中氣路。

發勁一定要接處不動，此為要則，而且要化去接處，以使彼落空。

周身轉球，以腰椎為根（即著力點），或以他處為根。

迅速找閒處用為走架推手之要。

動時先落胯，身始柔。用趴即可落胯。

趴、吸、落胯，不接招。

接處雖在手臂，應對全在下面腿腳，故注意力應在腿腳的應對，完成陰陽相濟，捨實取虛，下接上不接招。

4/30 —— 站、動都要怪怪的才是拳姿，否則即是常態，練不出功來。怪怪的仍要有作快跑、跳躍之意，慢中要有「快」的意念以練神。

5/1 —— 發用吹，吹要用我之閒處吹。如要發得遠可用順勢向彼暗處吹，吹全是心中的意想。

吸甚實用，吸之彼自浮出，猝吸之即為發。

5/3 —— 發揮運用虛間處求勝。

越怪越柔。

相頂即放開，重行再來攻他處，或以他處旋而發之。

5/12 —— 人前來，側身以腳提彼腳之想才 履　　，彼即無法停住腳。若以意用手攦即無法引彼跌出，不可用。

5/13 —— 腿要練軟化，不可用撐。

5/15 —— 動前先調整腰胯，使動作得機得勢。此比動前先舒為實用，在推手動時亦然，即動時不是用俗動，而是用先調整腰胯來動，以求立身中正，得機得勢。若直接動乃是俗動，練不成太極拳，太極拳非俗動。

5/17 —— 以調整腰胯動授彼，彼即可上停下行。

與其用化，不如用吸，吸走彼力，即可化去彼力，一面再用間處攻彼即可避實擊虛、陰陽相濟。我攻彼用吸去其力，彼即無從抗拒。

2、「氣宜鼓蕩，神宜內斂」

氣是先天內氣，人人生來即有，亦稱宗氣、元氣、真氣，沒有練功不會有感覺，練功之人就有感覺，且可利用，是太極拳的體。輕靈是言有形的肢體，貫串即是言內在氣勁，可見操作外在肢體形式與太極拳有何關連！

氣要運作，以神來鼓動，使之像海水一樣鼓盪。神不要外散，要向內收斂，能收斂才能使氣聚合而生鼓盪，這是功深以後的情形，是要後天學習的。全是心神意的作用，並非外面姿勢動作所能產生。

3、「無使有缺陷處，無使有凹凸處，無使有斷續處」

不要有不符要求的缺失，不要有此軟彼硬凹凸的地方。周身氣勁要貫串，不要有斷續的地方。

5/18 —— 用吸、閒處攻，使彼無從抵抗，因吸就是化，吸的同時要用閒處攻，則陰陽相濟、虛實兼備（內含激盪）。

5/20 —— 以開展骨節（即放大骨節）推，彼即出，因開展時手未動，且身已鬆開產生內勁，有抱意骨節即開展。

5/21 —— 立身要注意全身鬆開，動時先落胯、心中意想周身節節斷裂即可鬆開。

推手時一直想到以單胯擊人，如此意念集中，全身鬆開。練架也一直想著以單胯發擊，身自鬆。一有忘記身就僵。

我用忙處為彼所知能防，動之彼必有所應。我用閒處（即陰處）為彼所不知，用以攻彼，彼無所防。故避開我之忙處，善用閒處。

6/6 —— 勁起於腳，身始全柔，否則身中即生硬勁。

6/8 —— 不練以腰胯擊人，練作勢準備以腰胯擊人。

氣不但行腿中，更要在腰胯腿腳流轉，綿綿順活。

6/9 —— 習慣性動時必以呼吸之力代之。

身與小腿要分開，全身都可敗倒，只小腿不可倒，身即不倒。

6/10 —— 練拳只練虛實之變化，柔行氣，剛落點。

只有內氣呼吸，沒有動。以小腿為根呼吸。

6/11 —— 心中不要用手去迫人，要用肘，這樣就可用腰腿去追迫，用手只是動手而已，用肘即可帶動腰腿。

動中求不動，自然就會下動上不動。腰胯之動要靈活，要變化多。手不能丟著不管，仍要先有用手之意，隨即不用，自會交由腰腿處理，即武禹襄氏云：「**每一動惟手先著力，隨即鬆開**」之意。

與人接手心中要丟去手，全心注意以腰胯對應。

要練用虛，注意找虛、創虛、搶虛、避去實。氣勁一變，虛實即變。

提起手時有不讓提起之意，落手時以不讓下落之意，動時有不想動之意，即可感氣上於手。

6/12 —— 刻刻找虛處動，丟避實處，乃極為輕靈，為全虛。

避實就虛以求陰陽相濟，為太極本體，不可無之。

要用上時即交與下來應付，練不動上。隨時保持中定，一有被破壞時即予補正，仍以腰腿來補，不可動上面。在氣勢不順之時為危險之時，宜以腰腿化轉。即拳經云：「**有不得機勢處，身便散亂，其病必於腰腿求之**」之意。

避實就虛實與用八條線變化對待有異曲同工之趣。應敵時不但要柔化實處，更要尋找虛處為用，與對手絕不以實相擊，而是以虛擊實。

6/13 —— 相激相盪迎接來力生奇效，即以氣來鼓盪，即彼一有力來，即以氣激盪應之，彼即出，此乃因有虛實在其中。

6/14 —— 以意氣鼓盪來相激相盪，相激相盪類似隱身化風。

全身可敗倒，只有小腿不可倒則身柔，不以頂抗，用敗倒為柔身最佳之法，但要有小腿或某處不可倒之意，以穩住我身。

用全身節節斷開之意身才柔，但身仍相連。不可只有連為一氣之意，要有斷開之意，方能柔開。節節似斷實連，仍一串相連。

6/15 —— 應對是腰胯以下的事，勁力不可上行至腰以上，勁氣到腰椎即可，不可再向上，向上就成僵勁。

6/16 —— 以走路之心來動，於是上身無勁力而變柔。如果沒有以走路之意，其勁即走至肩背而身僵。

6/17 —— 心中有逆向操作之意才能柔中生力，此乃勁，此有好像用力之意。

要相激相盪，要以化來做，內含隱身化風。運作時要用身上虛線（虛處之線），氣往足運，在腿中流動。

一接觸到即與彼相激相盪，未接到則只在自身激盪。

6/18 —— 起動時用想要抱物之意，甚對，身即鬆沉，其中即有勢，如用動作之意就錯（僵）。抱與趴還是很重要，抱中有趴，趴中有抱。後擺時用上抱之意，全身即斷裂乃能鬆柔（用足勁上抱彼乃無法停住）。

6/19 —— 走架時先調整好尾閭，使中正以後再動，事

實上由於已有姿式在心中，只要一用調整尾閭，姿式即已完成。接好手即以周身氣勁激盪，不可在手，應在氣勁始可發揮。窮則變，變則通，在不能向前或後退時，自己以下盤變化整個身形，是整個身形，而非局部，即可進退。

6/20 —— 欲使小腿不倒，應以足為吸呼之根。

以氣由掌收入身，以掌呼吸。用鑽洞之想身即柔，注意突出中垂線身亦柔。姿勢可歪斜，尾閭不可歪斜，一定要保持中正。

以意運氣從腰繞足迴轉，身即柔。

發時用跪用處多，勢到時均可跪之，迫人亦可。

6/21 —— 今改以用意收臍，吸天地靈氣入身，再轉動臍，彼即稱大不相同，無用武之地。

用抱發均有效，用手接住後改交肘亦可發，由於勁已至腰腿。再加以坐趴勁，似抱搬重物向前似的，則更有力。

內氣呼吸收放還是重要，吸時吸足，呼時呼透。

用陰陽相濟無效時，改以內氣旋轉即有用。

6/22 —— 抱時先尾閭前收。

相頂時用振彈勁，即上身頂住，用柔振脫掉下身，即可將彼彈出。任何動都先弓腰收尾閭。

6/23 —— 抱用接球之意抱，於是手與身全柔開，要身柔就要用虛處，不可用實處。

6/24 ——

1、用收臍吸天地氣大不相同。

2、以大腦為天、小腦為地，以神意吸天地氣，則更高甚多，彼無用武之地。

3、轉腰椎中一點力亦大。

4、彼慢柔撞來，我以用脊骨轉氣，較在腹中轉氣為優。若以意用足轉脊氣則更妙。

6/25 —— 動手時先以意動，隨即不動，改由腰動。

動時兩小腿、膝都柔弱無力，不可用撐力，倒就倒吧。

6/27 —— 用虛線（心中意想之線）發均發出，軟腿力大。相接住時不可用一般之思想（乃俗想）發，要用手抓他某處之意，雖未真抓，而我腰腿氣勁已動，彼已出，比想用腰動發好上甚多。

發人與其用力，不如將骨節鬆開發。

6/28 —— 與人戲，在接住時意想用手摸打其虛處（手未動）即可發。主要在想摸時腰腿勁已動，並非手動。

彼問若人用兩手推來如何化之？我示以只化去其一手，同時順勢進擊其另一手，此可應鬥牛力大之人，讓彼一手落空，與一腳落空而倒之理同，彼即跌出，無法控制。

以大腦為天，小腦為地，則我全身空，彼無所抗。以大小腦吸天地氣，氣勁大增。

6/29 —— 在動作中真的不可用平時的方式動（俗動），若動就僵勁出（乃俗動），還何能有太極拳！一定要用另種想法動，不可照著原有的想法去動，如用抱、趴、挪、鑽、快跑、昂首等方式動就不會僵，並加入呼吸更佳，以躲開原動之硬力。

6/30 —— 用心中設想的虛線發，處處可用。發之過程中如有變化要另找出虛線，不可一發到底。

7/1 —— 先動胯，足才有根，才全身動，所謂主宰於

腰，實應為主宰於胯，受命於心，故應是「**先動胯，受命於心，一動全動**」。

7/3 —— 氣勁要有中，有中就有兩邊，即陰陽儀，周身成一太極。

7/4 —— 練架在練虛實變化，要做好虛實變化，要找虛處動，動是在變化虛實。

7/6 —— 以大力對抗時，我以柔身求中正安舒，吸納彼力為正確，不可稍抗。將勁鬆沉於腳，始有發放機勢，而彼即完全落空。我更加以大腦為天，小腦為地，吸天地氣。（如頂抗而不敵，乃因未能以柔化解彼力）

7/7 —— 愈柔虛面愈大，用虛處，不可用實處。

7/8 —— 以調整大腿變化身形，伸縮大腿發力大。以大腿伸縮為主動，只可動大腿不動身。

勁相接時要主動分清虛實，以虛擊之。（試人有效）

7/9 —— 想身外則神為主，周身虛空；想身內則意氣為主，身內氣勁充實。

一想大腦為天，小腦為地，身即柔。故柔身用想大小腦。

不可用常動，動就僵，所以是不可常動的。要用想意境動，如用趴、抱、扭、伸縮等動，用意境動，即身柔。

用虛線激盪，激盪用虛線。虛線是心中設想在身內的線。

7/10 —— 欲推手立於不敗之地，非腿氣腳氣不斷，且轉動靈活不可。如無腿氣腳氣之時，即無立身根基，氣易走於臂手，應下引之。故練時應先動腿腳氣，不可先動手氣。

活胯要不影響肩胸的鬆柔。

力由腿發則身柔（力可不亂發），同時用吸，及虛線發，則彼無感覺。

動胯腿時，力無論如何不可向上走，會影響上身之鬆柔。

7/11 —— 向前發時以氣自頂向背掠過，則足不浮。後退時氣由臀向上經背掠過，則身穩。

7/12 —— 彼硬頂來時，以找虛線柔身發之。彼衝來，我不可只柔化，要以調整腰胯發擊之，或向後才 履之。

不可以用常動，動以柔身意念來動。動時一定要先知何處會僵硬，先以柔身意念消之。

7/13 —— 柔身還是用斷胯、心想斷腰脊來柔最為便捷。

7/14 —— 用虛處打自己實處即可發人，不要有俗念之發人之想。

7/15 —— 氣由手進，在踝旋。

彼以手制壓我，我以撤退脫離彼手之意發之，則化發雙全，甚有效。教彼脫離我雙手，我即失控而跌出。

如我以手制人，亦用撤退之意，即力由接處向腳撤退，也可發人。

向後拉對手也是用「去實用虛」即可，與前推方法一樣。

7/16 —— 柔身乃為太極拳之本。

授人以腰胯扭轉，身不動，配以涵胸（助上身不動），如此勤練，乃是入門捷徑，加以旋踝更佳。鬆柔不用力站穩自己，化發均可。

旋踝昂首胯腿柔，
空鬆無力認真求。
欲動未動腰腿空，
以心柔氣氣柔身。

7/18 ——【走架歌】

腳要扎根胯要扭，筋要拉長肉要鬆。
定住中軸求中正，只旋胯踝不動身。
剛柔虛實由心變，涵胸拔背助身勢。
原形原地不自動，腰胯一轉萬有空。
身為靜來胯為動，動靜分明乃成功。
發後跟進以制柔，待彼頂時再發攻。

7/19 —— 以肘提胯腿發人，或以卡住上身不動發。提腰椎發更順，全是在發動內勁。

7/20 —— 發勁用肘掐自己褲袋之勁，或用肘提抬自己腿腳都很好，不可用向彼發去。趴、抱實與抱肚之勁相同。

又發時用定住雙脇不動來發，亦肘抱之勁。抱要欲抱不抱，不可真抱，此亦即以肘搯褲袋之意，搯提虛處更令人不知。我極輕發，彼反倒退甚多，故發用極輕為正確，一切動作都要使身體極輕極輕，因用力愈輕內勁愈強。

7/21 —— 以雙掌或單掌貼彼身，用氣在掌心旋轉試彼，彼即站不住。試他人則較無效，原因可能是後者身較柔。

以肘搯自身，或以大椎搯自身發人，自己身穩而人不知。

7/22 —— 旋轉之圈要游走，乃生變化，彼無以應對。以氣在臂部游走亦有效。

提自身之勁，用肩提亦可，且勁大、勢順。凡此皆是發動內勁。

7/23 —— 用肘發人時要肘仍不動才可。雖用肘，但肘仍不向前發，以引發內勁。

旋圈氣要上下移動，令人莫測。

旋圈要變化，不可執著於一處，如在上下各處移動。又如先上下旋轉，後變為左右橫轉，總之旋圈要變化靈活，使彼不知。

7/24 —— 彼亦有虛線，找彼虛線攻之。

我之虛線可在身中找，不一定是八線。

動腰腿運動以動而不動之意來動乃有內勁，即動中求不動，不動中求動，欲動即止。

以腰使腿，腿活潑。

7/25 —— 扭胯要輕，形未動胯先已動。

7/26 —— 以轉絲向後才 履　人每成且烈，向前時用勁轉到臂才有效。轉絲圈要上下走動才有效。以實手改虛發，即改實為虛亦可發人。

轉絲圈要上下移走，定住一處，便非轉絲。轉是轉內在氣勁，不是外面形狀。

7/28 —— 在脊骨中轉絲亦一樣有效。

以我之虛處擊彼之虛處發，不用真動手。又以心意變動身內氣勁彼亦出。

7/30 —— 要柔腿與胯，身硬多半由於胯腿硬，動時要

用扭才柔，用動即生僵。身內要有氣圈。

動也柔，停也柔，反應要快，內勁在轉圈。身是扭柔的，扭實是在運氣，運氣就柔，故不是動。發用逆向縮之方式，勁順且大。

8/3 —— 發以逆向縮筋，腰胯即定住。風捲雲湧之氣鼓盪全身。不管拉推發要連續找虛柔處來用，不可停。

發時逆向縮筋要用節節斷連之心，似斷實連，則身柔勁大。

8/4 —— 定住腰胯，旋轉檔圈。

定住腰胯（發力大）轉檔中球攻守均佳。發人用轉檔中之球，均效。人迫緊前來，我以轉檔中球甚易退之。轉檔中球幅度大，向後打亦可用之。彼壓緊我，我一轉檔中球，彼迅即跟著出去，因此時周身內勁生。

定住腰胯轉檔圈。定住身體動胯腿。

身體定住，脊始好動，與一腿相連一氣而動。

要改變打拳是移動身之觀念，身要不移不動，全是內在氣勁的虛實轉換。

8/5 —— 轉檔圈較動他處輕而有力。將氣向脊收成一線，或向某關節收成一點，彼即不知我勁在何處。將點線爆發，則發人之力甚大。小而無內，大而無外，收之藏於密，放之彌六合。

8/6 —— 力集於腿可穩身，並可定住腰胯，柔身發勁。

動時好像有阻力過不過，則生腿力。

8/7 —— 心無發意，用隱身化風穿松林之想發，發人遠得多，有發意即近。發時要用定住身，心中無發人之意，或逆向用勁，勁均大甚多。

兩胯一直要保持舒暢下垂，尾閭才鬆垂。

打拳要動中求定住，定住中求動，乃有內勁。

發時以局部柔，勁局部出，身即柔。如由腿發、脊發、頂發、更年期、膝或八線等，任何一處均可發。

8/8 —— 我用身不動，只用脊椎發，彼很輕就能出去。

8/9 —— 練架要練在任何姿勢下，人都推不倒我。

要練不倒，就要局部柔，局部使勁，變化不停。

8/10 —— 人推，我以單腿立，另一腿上提，可以用提起之腿穩身。

發一定要用逆向動，內勁乃出，動也是一樣。逆向動，就是反向動，例如一有向前衝之意，立即有向後退之反向之意，使身內產生一種阻力，這個阻力就成發放之力，也就是內勁。

8/11 —— 檔下轉球，每動必轉球，每動必找球轉。

8/13 —— 用腳跟拔彼褲帶發。

8/15 —— 發人用吸風過松林，從彼背後遠處吸風回來。

發人用以腰旋胯之勁發，彼稱還是用此旋轉為佳。

8/16 —— 任人推時要穩住己身內之線（意想之線）以穩身。

動中求不動是真動，乃有勁氣之綿綿不斷，使凝聚於尾閭，時時保持發機。

8/17 —— 對方來力大，我除柔身外，更要找出八線以

分清虛實，以便發之。

練拳力留在腿內，上身只通過脊，不可到他處，到他處即生僵，即亂。

今練拳以脊骨運勁，全以脊骨先動，他處先動即硬。

8/18 —— 發用旋圈，但圈在何處？在腋下、胸背，處處都可，在身外四周轉圈，力大且順。

拳一定要分清虛實，即分成有勁與無勁二部分。與大力頂要用無力來頂，用八線最順、最靈活。

大力來，我只可以柔身承吸引請，平時均用往下引，如往上引，彼亦落空跌出，但自己腳上勁不能丟。

對來勁要會引，引之入我圈套，引之失勢，引之合我虛實之用，不可只化，要引之顯出我之虛實來，要引之使我好發放，到我弓上來。

彼成一塊，無虛實可用時，我用氣勁如海浪拋之。

彼壓力很大，我已無虛實可用時，找出虛線來發之，或以巨浪拋之。

8/21 —— 應先將來力引至一側，然後以虛線擊之。

4、「其根在腳，發於腿，主宰於腰，形於手指，由腳而腿而腰，總須完整一氣，向前退後，乃能得機得勢」

運動時，周身勁力的根在於腳，動作由腿發動，腿與腳的運作由腰來主導，於是手就產生了動作的形狀，是被動而非自動。總之，腳、腿、腰的動作要完整一氣，前進後退才能順遂無礙，得機得勢。

5、「有不得機得勢處，身便散亂，其病必於腰腿求之，上下前後左右皆然」

遇有不得機得勢的時候，周身氣勁就不能完整順遂一氣貫串，產生散亂，就要用調整腰腿來改正。無論上下或前後或左右，一切的動作都要是這個樣子。

8/22 —— 與來力相頂或用力向彼力頂去，都乃先天之能，此因功候未到，均非太極拳。對來力（大力）要柔身承吸，承吸後發之，承吸不忘柔身。凡學不好者，均因頂抗用力之習慣不改所致。

8/24 —— 蠕在兩腿，僵處蠕以柔身，蠕才柔。

8/25 —— 不要被迫至變硬，要彼愈迫，我愈柔。

8/26 —— 太極拳乃作各種柔身之技能。

脊與一腿成一柔線，二腿交替變換，若同時用二腿，只要能柔亦無礙。

8/28 —— 用抱肚發最暢，實際上用虛線發亦應配合抱肚，兩手用於「抱」不可用於「發」，目的在求不用手發。

8/31 —— 人要我何處，我何處就崩坍，使彼無著落，此為柔。用他處崩坍亦可。

9/1 —— 化不可退，只用轉（內在氣勁）。一圈將

盡，即取他圈，彼即跌出。他圈在上下左右去找，只要轉得順的就可。

發時用抱肚，即可將發出之勁抱回，如生頂力，即將力向自身撤回發，不可相頂。

9/8 —— 彼壓來，我鬆放兩胯懸於頂（兩臂似下垂之沙袋），寂然不動，則就「**靜如山岳**」，而內氣不停流動，就是「**動若江河**」。

人壓來，不用退化或頂抗，只用放下兩胯，彼自落空。發人時不可用雙方已知之處，即對勁之處，要以間處發放，使出其不意，此即原路不發。

9/10 —— 彼推我，我要以氣在身內轉，彼不易得力，被我化去，我更要將彼轉向我身後，使之倒。

9/11 —— 只動胯、活胯，不動身。

9/12 —— 大力相頂時已無虛實，應引彼至一線為實，以求他線之虛。在動中要求己身虛實分清，方好應用。

有虛實之立身，方為正確。

無論進或退，宜審明身內何處有頂力，即予放開，彼必被迫出。要感覺得靈，反應要快，使彼毫無著力處而落空。

應對時以頭頂及肩不移動，只動胯與腰腳，若有人推我肩或胸，我不移肩胸，只動下胯，彼自失勢。

化時用閒處轉點即可，如此變化靈活。

9/14 —— 練氣在腰腿走，不上走，與地相接，以消僵取柔助之，兩胯下沉。

9/15 —— 相接對手時心中無動意，只危中求安（得機得勢，中正安舒），用兩胯下沉為佳法。

9/16 —— 原要動之處乃實處不可用，改用虛處、閒處、冷處動，方能柔。

9/17 —— 化中找發，發中用化，蓄中有發，發中用蓄。

吸蓄化連找發機（連為與彼氣勢相連，方可發化）。化一定要找發，發一定要用化（不用頂處頂出去）。

氣在脊中走則又靈活又可去僵，即在動中以氣走脊椎。

化中寓發，用閒處發最快、最順，亦可用閒處化風。

9/18 —— 用閒處吸蓄化連。

用閒處化風，用實處化風，用局部化風。

找出我之頂力在何處，即予放鬆不頂，方可制人。

發人不是將勁發出，而是用吸彼之勁入我身，則勁大。如不吸彼勁，用足吸地氣，勁則更大。亦可用虛線虛點吸彼來力發。

與人頂時，將己身內之頂力處放開，改以虛應之即可退之，萬不可與之相頂。一心找出己身內之頂處放開，求虛線點應之。

9/19 —— 用求身之柔（走架中尚有不柔處，應求無細微之硬處）、氣宜鼓盪（一定要鼓盪，用大小旋轉等等，與天地氣合一鼓盪），神意合天地轉動發放，彼即毫無感覺我之勁而出。

9/21 —— 大即生（變）小，小即生大。動即求靜，靜即求動，動靜大小變化，即生鼓盪。

彼來力與我相頂，即以虛吸之，或以虛鼓盪發之，大力快速來，我要快速在先應之，若以大力相頂，即變鬥力，成了背道馳，要成太極拳是不可能的。

心一生動意，隨即求靜，在動中求靜。心一生靜意即求動，在靜中求動。（是內在氣勁在動）

9/22 —— 要求無力不求有力。化風每用無力對方反覺力大，此乃化力為勁。

9/23 —— 發時把力留在身內不出去，力反大，此乃因增強內勁，故威力大增，並可養生。

守身內一點，以意接上天地氣鼓盪為學習的新方向，身體只是外物，流通的氣乃是本體。

要用功勁時，功勁不要拿出來，勁反而大，類似把力留下不用。

9/24 —— 化中要找出身某處之虛線點，用以反擊方合法，不可只化。

粘化時內勁不可固定不變，要因勢順變，乃可不頂抗而極靈活，即應變時內勁一定要因勢調整方可不頂，不可僵住不變。

對手時，化人之力要以變化內勁，若能調整內勁之形，即十分靈活。應付來力時，不先動身，而須先調整內勁。攻人遇阻時亦同（即找出虛處用之）。對來力不可用運氣化，運氣身有力，應用調整內勁之形勢。

有時尚在用身，此乃是誤，要全用內在氣勁，忘己身。

9/25 —— 發以胯吸地氣為佳。

發勁以天地氣旋動來發。

練拳及應用均要用天地之氣，不用身中之氣，即心想天地氣之鼓盪，及拔地深處之力（吸地氣），「**丟放腰胯合天地**」。

9/26 —— 以氣在高空轉發，彼稱較柔，且力大。

以氣在地下轉，則彼腳浮而亂。

發勁要柔到底，即用氣用到底，不可在最後用身，用身則為凡。

9/27 —— 與人練，我忘記身體，只有天地氣之流轉鼓盪，沒有動，沒有力，沒有身，只有天地氣，境界高很多。

發時心中無發意，只以氣在天上或地下旋轉，彼自出，且較有意發為佳。故無招、無式、無動、無抗、無發、無意、無我、無身，只有天地間靈氣湧旋。不可將氣充於身，以身內氣應對則身僵，為彼所知。氣要練足，功在氣之強弱。

9/29 —— 身不可撐，向下鬆空。不撐才真柔，不撐是真撐，勁反大。

地力處處可拔，隨機而用。用天地氣不用身乃輕，即忘其有己。

不可只化，要順勢擊人送人，化要無邊無底，即順人之勢，借人之力。

9/30 —— 心地清虛一片空，浩然之氣遍周身。
原地捲浪形自生，欲捲不捲乃高明。
（言自我走架）

柔化不一定用下沉，以勁向上提空下盤亦可，因勢而用，但腳上仍要有根勁。

10/2 —— 以地氣合天發，彼上跳後退。遇彼頂力即以化中帶發，彼退更遠。

彼未以胯應人，即退許多步，後改以胯應，功力大進。

10/3 ——「進」氣由脊下（發），「退」氣由跟上（蓄）。進為以天合地，退為以地合天。（是心中的意想）

發時以氣在地之極深處轉，力出奇大。從深處將氣上提至天，力亦大。

我以鬆開胯發，效佳。但發時勁氣不可上升，只在胯以下發揮。

既能化就能順勢發，不可只化不發，順來力化彼實，發彼虛，化上發下。

10/4 —— 心中意想以身內虛線動應對，彼無法攻我。虛線（點）應有二條身方穩。

彼抓緊我手腕或小臂，我以抓處為軸心，以拳轉反抓彼之腕，彼即脫手跌出，要被抓得緊硬才更有效。

10/5 —— 不用撐，用軟下去，或改用虛線（點），均是化。

大力頂我，我找己身之虛應之。己身如已無虛，用身外氣或以局部柔應之，為避頂之法。

大力頂來，應避與大力推頂，以搶勢待之。彼再動，我即有機會在化中放之。要意在身外方不為人知，如在身內，彼必知而變化。

平時總是以意用實勁動，此必身僵，應改用虛處動，方能空鬆。

10/6 —— 不撐、不動、不出力，放開功勁，用空鬆之身體承接外力，皮毛不讓，內勁不撐（軟放）。發人要待接到彼勁，發時手不可稍軟。

無論蓄化、進發，均以柔身承接彼力，不可用點。要周身一氣，則可應硬或柔，如只用點，則只能克硬，對柔無效。如周身一氣，則照樣可發彼柔勁。

以上配以用天地氣，則更空妙。

空胯發力快且大，空腿亦可，總之用空即可。

不出力（留住力）、不出功勁（用功勁時）、不動、不撐、隱身，均為啟動內勁之法，但如用柔身承接彼力，以上各點均已包含在內。

10/7 —— 空胯發很好用。

頂時有壓力，即分虛實，彼即出。

發時以意注天上一朵雲，意念全不在身時效果出奇。今與人試，發時我意注白雲，彼跌出甚烈，乃是因此時我全無發人之心，全身已空。後以意注他物亦可發。

發人時如以心想外物，勁反更大，因此時意念已脫離我身，全身已鬆空。

如我想著與彼相持著推手，則身不空。如意注白雲不想相持，則全身已空。

忘卻對峙入白雲，（以空我身）
粘扶彼身勿稍滯。（靜聽彼勁）
千記萬記無發意，（無凡俗之發意）
心存不撐更驚人。（令彼無著落）

身一動，僵勁即生，故進時先以退意，退時先以進意之反向先動之意，則僵勁不生。故發勁時如前進，即應以後退之勁催身前進，不可以單純前進之意。或用動時以不動之意，發時以不發之意，為時以不為之意。

10/8 —— 忘其有己，忘其有事（乃空），心繫天地，刻刻在虛（想身之外，即忘己、忘事、忘物）。發人不發，留力不用，消力即是以力化為勁。

就虛空實，不可稍停，乃可空鬆。

10/9 —— 前進（動）之勁勢（已成）乃為實，不可即用，用時改以虛處代之，即忙者不用，用閒者。

空胯發人很好用，空他處亦可。

彼用力拼求勝，我避與力拼，就其弱（虛處）攻之，故曰不接招，攻其弱。丟掉自己，時機一到即想天空白雲並趴之。彼柔，趴彼僵處；彼硬，趴彼虛處。

事實上一想天空白雲，即已丟卻自己，故要想身外之氣，不可想身內之氣。

鼓盪亦可在身外鼓盪，在身內即身僵。

【外氣鼓盪歌】

天上白雲飄，（想天合天氣）

地下靈泉清。（想地合地氣）

八方巨浪滾，（鼓盪外氣）

人我皆已忘。（專心於鼓盪）

全是心中意，

細研妙無窮。

用趴發，可分趴僵、趴柔、趴實（人上飛）、趴腳（腳亂）。用丟卻自身發人，人似被風吹走似的。

10/10 —— 要用的地方（部位）就不用（即使用之，

要變虛後才用），用他處，即實處不用，用虛處。例如相對勁之處不用。原作好進之勁勢及方位不用，用閒處。

發之方向勁勢已有，但不可用，用則頂，要改用他勢，即是所謂「原路不發」。

今授人走架不可用動，只可變，即想變身體整體之形，不是做局部招式動，此確為打拳之本，不會此不會拳。

「做到底，始無礙」，不接、不撐，以消化彼之頂抗之力，或「**接彼頂抗發**」，或發中「**丟卻自身就白雲**」，或「**不接彼頂趴彼虛**」，或「**避實趴虛隱我身**」，或「**發中遇頂即趴虛**」、「**發中遇頂勁交胯**」，**發勁柔身、抱肚**不可少。

10/11 —— 用「有無」、「大小」化發應對，與人試效果佳，有變無或無變有，或大變小、小變大均可發。意在身為有，意在天地四周為無。

在彼以力加我身相頂時，我將力輸送入踵或胯，彼即跌出，彼試我亦同。改將力收入踵或胯，彼跌出情形亦不同。

彼來我心中無彼，只處置彼之力，像捉魚似的對付之。

心中不用功勁反是功勁將彼擊出，用功勁勁反小，故不撐、不頂、不抗，不用功勁才是正途。心中用了功勁反成了力，不用反是純剛的內勁。

10/12 只有變身形，沒有動。變要先趴放，變中有呼吸，呼吸與變一體。

掤為江水浮舟。

攦為回身望月。

擠為靈猴鑽隙。

按為意鎮浪濤。

放開脊為無，交與脊為有。

用身變與「有無」、「大小」、「呼吸」、「收放」、「蓄發」、「伸縮」、「動靜」、「內外」等相合為一。

發勁本已與彼接好，故無須再做準備，只以原狀不變、原地柔身、虛趴抱肚、忘身發即可，如再做準備反害事，宜切實做到。

發勁時對勁對勢之處不可用，要用他（虛）處乃有功。

要真正靈性入白雲，脫離己身，效果始生，忘去事與身，改想另一事，或將注意力全注他方，以使心中原有的凡發之意全消。

走化已至不可再走時，即交與天地氣，自己不用管，則周身空妙，反可將人發出。

10/13 —— 授人全在避人勢頭，即不與彼糾結，有糾結即自身鬆開、解開，功效甚大。再授「**不字訣**」，**即欲為不為，為中不為，動中求不動，進中求不進。**

糾結就是有，解糾結就是化「有」為「無」。

以意變身形，趴變解糾結，彼來制壓我，我以天空一星入我身之想即發出。用呼而不呼內勁大。用二關節反轉發，力奇大。

空身解糾結，（化）
親和扶彼身。（拿）
隱身化清風，（發）
地上落葉飛。（彼飛出）

10/14 —— 授人五虎大將（腰、胯、檔、膝、踝），八大金剛（加胸、背、大椎），打拳將此關節柔而不用反是用。太極拳非一般性的俗動，俗動全非太極拳。俗動就是一般性的關節運動，若動身必僵。

10/15 —— 彼來力我宜承接之，以虛處接，則彼落空；以實處接，彼被彈出。實處接之，接至虛處，則成圈旋轉，彼亦彈出。

凡要動要避力而過（己身內），即避開力而進，避開力而退，身乃柔。即是用虛來動，不用實。

為而不為時，要先鬆胯才有力而不僵，身更鬆柔，乃是內勁。

宜保持周身鬆柔，作發放之準備狀態，則腰胯可靈變活潑。

以承接為動，每動必先承接（內有鼓盪之發勁）。

立身怪怪的，動用趴方是功路。

還是應忘己忘事，或氣斂入骨，方不為人知。

忘己身，神注彼身。

發中遇彼頂力，即時改為貼化（心中一面貼，一面化）來發，事實上，發中均可找貼化。

10/16 —— 以趴來發，可用拔彼鞋帶之想（用閒處拔），解糾結用腿則對手腿軟。發與打拳勁都在自己身內，不要出門（勁不出身）。

發一定要先以意找出彼我相連之發線，手在彼身鬆而不離。推手在把彼承接到我身上，以拿之發之。

心中以虛處接，外氣接，天地接，不是我自己接。

10/17 —— **忘我有己一片空，內有鼓盪外無形。**

弓腰涵胸怪怪趴，以虛迎實化發妙。

（彎腰駝背是意想與感覺，非真正彎駝）。

心以尾閭解糾結，彼即腿軟。用怪、趴、拔鞋、縮骨均可發，要在自己周身鬆柔之狀況下始有效。

動應以丟去動作，以虛處「解糾結」來動，身即鬆柔。

10/18 —— 以意彎腰駝背，上身即空，力下沉於襠胯。用沾連粘隨之意來推手，不用動，用動即有稜角。

發人用怪趴等雖有效，但覺自身很重，用空身才輕靈。用空身取外氣發（即不用身用外氣），乃可發人於不知。

10/19 —— 人多求力、練力，我力求去力練輕，取軟捨僵。

心中不但丟身，連動作都要丟。發勁，接上後以在原地、原形不動，以彎腰駝背（弓、拔），氣貫尾閭，蹬腳彈之。

用閒、虛時要與天、外氣相合運用。

10/20 —— 全身不但不可身動，亦不可氣動，動則為人所知，要以氣下貫於足，與地氣往返循環，氣最多只能到脊中，腿骨與地氣相連。

為不為，在動作中心中丟卻動作，內勁自生，即乃真為，即以虛生實，空中妙有。

轉動尾閭尖，腰胯氣即動，要不停。

推手時不可以用手接，如用手接則手上有物，腳上空虛，成對峙之狀。故不可用手接，要用腳接（心意），化彼落空，無著力點。

授人兩人接手非以對抗之心，乃要用粘貼之意，接處為實貼，應以虛處貼彼來發，不以實處發，方合陰陽之理。

此種發放才是發，不可用發放之心發乃是正途之發放方式。我發彼，彼稱無預警，為出其不意。

兩人相接，不要專注用手接到彼，要以身注意彼全身之勁，找出彼虛實之處。彼制我之手乃其得機得勢之著力點，我應即化去，不讓彼得逞。

10/21 —— 以虛接招，實處不接招只是化，以虛貼（發）才是明言。

怪趴以後即有伸腰舒身，二者互為調劑。身有僵時以伸縮解之。每一動都要有用意、有目的、有實質內涵。

今以怪趴彼覺很重，因是實趴實，故重。如以虛趴應不會重。

10/22 —— 變身時一定要以某一部分定住不動以為根，身方可柔，虛實乃分清，乃生旋勁，亦為發放。定住處宜靈變，主在變化虛實，與以往以凡動變化大不相同。此全是內勁運作的虛實變化，運勁如不以此想，仍做凡動想絕對錯誤。

10/23 —— 推手用摸（扶）而不摸，觸而不碰，類用腰胯摸。

發勁用貼甚佳。

用腿吸彼腿氣解糾結，使彼腿力空。

10/24 —— 走架是打全身虛實運動，連及手，把骨提出來打。

10/26 —— 身有僵硬時，將勁交與脊即散開。

10/27 —— 由他去推，我不斷的「放」（放中已含攻），以放應。放者放鬆拉緊之筋，並求立身中正安舒。

用貼發很好，關鍵在於接好後，實接處保持不動，以虛處貼發。一被迫緊即用拉放筋來發，要用腳接到始發得出，如未接到，放時接到亦可。

10/28 —— 發是「柔」出去的，不是用力推出去的，心中將身柔彼就出去，拉放就是求柔。

10/29 —— 向前發不是直接向前，乃是用後縮之勁催向前。發時接處不可動，乃以發動身內勁發，內勁不出身形（在家內不出門）。內勁是不可出身的，出了身就沒有內勁了。

要彼以力加我，我始知用何處貼，因有了虛實。彼如何加我，我即如何貼，未加力於我，我自不知。

貼與趴可交替使用，趴可用局部趴，即用虛處。

打拳不能用動，只是變換虛實。被攻擊時以虛救實，以下救上。

6、「凡此皆是意，不在外面」

以上所言的一切動作都是心中的明白，是心中的運作，無關外面的形狀姿式，所以不能把外面的形狀姿式視為太極拳，是空無作用的。

7、「有上即有下，有前即有後，有左即有右。如意要向上，即寓下意」

在動作中有向上之意，就要有向下之意；有向前之意，就要有向後之意；有向左之意，就要有向右之意。例如意欲向上，心中即要有向下之意，心中要有反向的思想，並非單純的只有一個正面的思想。這是一個極具精奧的動作方式，不但有陰有陽，或太極勁，更是產生內在運作的內勁，產生柔中寓剛、剛中寓柔的內勁，不能以柔言，也不能以剛言，剛柔一體，只能以太極言。

8、「若將物掀起而加以挫之之力，斯其根自斷，乃壞之速而無疑」

若要將人發出去，先在他身上加一些力，使他產生頂抗之力，於是他的根勁自斷，就可輕易的把他發出去。

10/30 —— 用尾閭領腿，解彼腿之糾結，彼稱厲害。氣在尾閭走解糾結，此全是內在意氣勁，非形體之動。

10/31 —— 我粘彼不一定在用我之手，可以注意彼加於我身之手，以求明其虛實，然後用我身之虛閒處，隔空粘貼之為攻，不是用手，用身內虛閒處內勁。

發勁勁不出家門，出門就等於勁的流失，故勁不出身。因此化時將外氣吸入體，發時以意氣在體內發揮能量即可，不可出門。發之關鍵在於與彼接妥與否，接妥才能發。

有攻彼之意即為有，身必僵，不可用，要用攻而不攻之意，同時注意彼貼我之手，而我用虛處粘貼之。（要有周身一家的整體觀念）

11/1 —— 氣一直在身外轉，彼捉不到。

彼力一來，我即應以鼓盪外氣，彼每進均被彈退。（用頭頂鼓盪）（用昂首鼓盪）

粘人要明其虛實，避實粘虛，令彼不能動。

與人推手要學粘，粘住彼使不能動。

11/2 —— 仍可用手，用法不同，可用以提身內之勁。

發根本不是用前衝，「**只在身內發內勁**」、「**心靈入雲身化風**」。

11/3 —— 聽勁乃聽雙方的背順、對峙的形勢、自己的安危、攻防的信息、對手的動靜、各自的虛實、粘連的變化……，故不只是感覺而已，如只是感覺，則僅是感覺而已，不能稱之為聽勁。

貫串是身體內內勁的連結，不一定是在關節，限在關節即不靈活，在身體內猶如鐵鏈，節節斷連，似斷實連。

即使要動實處，要變虛以後才動，否則身必僵，即用虛。

11/4 —— 人體分肉體之用與精神之用二方面，精神之用完全是意想之用、心靈之用；肉體之用乃要有肢體動作之想，易為人知而防。精神之用完全是內在意氣的應用，有想法而無肢體之行動，不為人知。意可鼓盪天地氣，故前記鼓盪也要用身外之氣，一想身外氣，身內氣亦已動，貴在不為人知。

11/5 —— 彼來，我要用腰腿應付之，不可用手。思想一定要在腰腿，不可無之，故平時即要訓練。

這樣看來，不但身不可動，氣也不可在身運（在骨可以）。動乃以實化虛，以虛化實。

11/6 —— 發要有整體觀念，即以身發。

發不用俗動發，要以身內適合之點貼彼為發，心中常想「不」字訣。

不攻、不打、不撐、不發、不動、不出力、不鼓動、不頂、不抗、不丟、不作、不為、不停……，有「為」意即改為「不為」，即先要有「為」意，才有「不為」，不為所產生的作用乃是真為。注意彼之虛實粘之，彼即有壓力感。

動時將力交與肘，以肘領身，則周身一家。

身不穩時，往往是腳腿腰胯檔動得慢了，不活潑，趕不上上身變，故要意注下之變動快速為要。上稍微一動，下即快速作許多許多之變來因應，方足應對，不可只有上變。

11/8 —— 勁貫於足，綿綿不可斷，勁要向下練。

11/11 —— 在接上時（可發時）或雙方緊迫時，用勁「放大」發甚佳，此時勁鬆沉於胯檔。

11/12 —— 非變，乃柔也，一柔身自變。非發，乃柔也，一柔彼自跌。柔乃拋棄己身之力不用。身內有撐力即危，宜舒而放之。

11/13 —— 接來手除以意用腳接外，要以接連處之僵頂化為柔虛，不接彼勁，柔僵化風，不使彼得機得力（有著落）。

11/14 —— 一遇壓力即行鼓浪或放大，將彼發出，在遇壓力時為之。但一定要自身鬆柔才能產生效果。

11/16 —— 鼓浪用虛處鼓乃可不頂，不令人知，或交與脊骨鼓，或借物鼓出。

11/17 —— 柔由舒中尋，靜由動中生。打拳必須要求舒，要動時心中要求靜。

11/18 —— 一舒柔自生，柔中自有舒。今以相錯拉放內勁，足自扭旋。要練拉身內某一根筋，全要求練內在之氣勁動，不練外，不可作外動之想，外動全無關乎太極拳。

11/20——授人「身被微一觸，內已變萬千」。

11/21 —— 一有動念即先節節內變，以變代動，乃能周身一家。

發時兩手好像將重物拉回來似的，此時手未動，而內勁已出，是用胯的力拉回來。

纏還是有用，我只纏，不作其他，彼無法頂抗而出。只纏不推為要，以內勁纏，非纏外形。

彼以力壓我，我空身，彼即不進反退，因無物可壓，可見空身之重要。

11/22 —— 定住立身用勁纏，一面化（內勁走化）一面纏，如是而已。鬆彈勁要連貫始終不可斷，尤其兩腿脊椎要有彈力。

11/24 —— 纏要纏指及臂再連到身始效大，是纏內在氣勁，非外形，與人粘住，只管纏不可推。只能纏硬，纏柔無效。

手指一纏，帶動全身纏。

授鬆彈，只用骨纏，腳怕踩水似的求柔去僵，即生鬆彈勁。

9、「虛實宜分清楚，一處有一處虛實，處處總此一虛實」

虛實即是陰陽是太極拳的基本，有虛實才有陰陽變化，才有太極拳。簡單地分別，人體在運動時都只使用部分身體，另部分是未使用的，在實際使用的部分即是實，未使用的部分為人所不知，即是虛，太極拳的運動特別要注意這一虛與實，而且要分清楚。運動中虛實隨時在變化，一種狀況有一種的虛實，變來變去總是這一虛實的變化。太極拳在功深以後，就不是肢體的虛實，而是氣勢的虛實，由意所主導。虛實的變化，就是陰陽的變化，所以是太極拳。豈能只有拳套姿式，就能有太極拳！

10、「周身節節貫串，無令絲毫間斷耳」

節節貫串就是周身氣勁要處處相連貫，成為一體，不可有絲毫的間斷，這也是太極拳的根本。能節節貫串才能周身一體，周身一太極，才有太極拳的陰陽虛實的變化，才能以柔弱勝剛強，四兩撥千斤，才是會了太極拳。

11/25 —— 要粘貼到才能纏，纏與粘連貼隨合一用。

11/26 —— 神注彼動，不只內聽自己，彼微動，己已先動。

11/27 —— 由指吸收彼力來纏，要一波波收吸，使不斷。彼變，我以吸收彼力應之。腰胯掛於腋下可鬆下身。

11/29 —— 彼用頂抗，我頂中有纏。發時已相接好之勢切不可動變（尤其相接處）。一有動變機勢即失，就無從發放。

後記

發：任何之發均要用以手抱肚、化風旋，方手輕。

發時若無虛處可用，一調整胯，虛即現。

卡處轉亦是一發，並可化。遇卡即旋卡處，卡可解除。

實化為虛後，貼即為發。

借物發放，發時借外物之氣發，如樹木、雲氣、五嶽、五星等等。

「放大」發，接住時放大接處即可發。又發時，用兩手好像將重物拉回似的，則手可不動，腰胯勁大，類抱肚。

氣集中大腿（上身即空鬆），腿一動，人即跌出。

化中寓打，用間處打，即用間處化風即可打。

用虛處化風，用實處化風，用局部化風，均可發。

我以虛線吸彼來力亦可發。

丟下腰胯拔地力發，拔地深處之力。

發勁要柔到底，則長，不可以身震，震則僵。

氣在高空轉，則發勁輕柔。在地下轉，則彼腳亂而跌。

發人時必遇彼頂，故「發中寓退意」，即一面在發，一面在退，化彼之頂，以退為發。如此形未動而內勁出。

發勁本已與彼接妥，故無須再前衝或再做準備，此為畫蛇添足反害事，只要在原地原形做柔身、虛趴、入白雲等即可發。發中遇彼頂，改用貼發，貼向彼身。接處為實，我以虛處貼彼（發）。

發人手不可稍軟退或用力推，只是接住彼勁。

手在發之作用在保持原勁不增不減。

找彼虛線發彼實。

發時用逆向縮筋發較順向直發勁大。

發用虛線合腰椎。

彼壓我，我向腰椎收成一點，或向脊收成一線，

然後以猝然放開發之。身要柔才能有用。

風穿松林發要向後吹。用腳跟拔彼褲帶來發。

發人圈在哪裡？圈在腋下胸背，發之乃有力順暢。

還是用以手（或肘）抱肚發最好，配合虛線抱。

抱肚發時，要將所生之頂力全向自身收，對手始無感覺，而不知對抗。

震脊發。

以吸及虛線同時發，以虛線吸。

向前發，氣由頂經背向下掠過則足不浮。向後退氣由臀向上掠則身穩。

以腿肚擦地，避彼實就彼虛前貼，用柔身之境發。

發一定有某處會硬，以柔身之法去之。柔了仍感有力，此乃勁。

今教人接住後用貼發均有效。

發放繼續跟進以發身柔者，至彼柔已盡生頂時，

即用停縮再發之，但要站穩己身。

以肘拔鞋、或提腿、或提腰椎、以手抱肚發亦佳。

以肩捉腰腳勁發，於是全身勁出。

搯身，以肘、大椎等搯自己身內發（啟動內勁）。

以跪為發，勢到即可跪。有時可用腿上抬、踢、豎起腰骨、走路之心、蹲身欲跳發。不用抱用跳亦可，假想蹲身欲跳即可，用腰以下跳。

抱以接球之意，心中用腰胯抱發更順。

大力來相頂，以柔應之，同時氣分陰陽，以便變化因應。

柔可蓄勁，分出虛實，不可稍用力抗，方可發。

發時先引出虛實，以虛發之。

吹：用吹發為必要。

吹要用我實處，向前吹彼暗處，即發得遠。

吸：吸亦為發，用猝吸，用足吸亦發。

氣沖下至足亦發（與吸相近），可不動身。

縮線，縮陽線發。

放檔斷胯：彼硬我放檔斷胯放之，內有隱化之意。

想著以胯發人身自柔，更要以準備發之心則更佳，不可真動。

相激相盪，彼力來時，我以身內氣勁與之相激盪發之。

虛線擊發，前稱八線，實全身處處有此線，以此虛線擊發。

原形不變，只旋足氣發。

趴隱檔胯：用隱身怪趴與地接，以化去彼力，趴向彼虛處發。

做準備：作發勢而不可真心發，以假為真，或用準備化跑之意生發（意動身未動），不可真。總之接妥後，只要動就能發。

小腿快跑：亦是動，故生發。

縮筋：用時將脊椎或其他骨中之筋一縮即生發力，且好用。縮筋為佳法，任何筋都可縮，只要得機勢即可，可代替其他發力。

退隱歸虛：被拿住後用之，即可以此發。

以胯扭踝：發力大且人不知。

跪膝發：當得機時為之。

趴：立身怪怪的方利於趴。

調正姿勢就是發，化中找發。

以腿內側擊地，亦為發。這就是鬆腰落胯之勁。

作勢抱之：機勢到時作勢抱之發，不可真抱。

鬆手抱肚：雙手已抵住彼身，但不能發出，改以雙手抱肚即可發出，蓋因手一鬆後腰腿勁即起而代之。

退隱歸根：與鬆手抱肚類同，亦同以吸蓄容藏發勁。

腿面後拉：將後腿（實）之腿面向後輕拉發放。

以冷吸冷：以我之冷處吸彼之冷處為真發，非向前衝。

斷胯開檔：就是鬆腰落胯，亦可發。

搓檔中球：搓檔中之球，即用兩腿內檔相搓，搓太極球，人亦可出。

以腰動腿：用腰來使腿動發（意），力大，勿有發人之心乃可，只做好以腰動腿方是。以腰軟腿發，勁力更大，實質上原形原勢均未變動（勁力充於大腿）。

扭腰：腰勁一扭發力即生。如以旋踝扭胯則亦力大。總之切不可直發，直發為人所知，敗矣！

吸彼頂力：以足吸彼之頂力發，則很輕。以意抄彼足跟時，如用向下打則力大，用下盤力將彼根力向地下打，並旋胯發。拿住後用得機得勢之線發之。以氣由腰下貫發。

發勁：全無前發之意在。

震腿：可用手發時即用震腿代之。

縮腿：機勢成時急縮腿亦可發，可用腰縮之，或大椎等縮。

柔腿、胯、臀：柔腿發力甚大，機勢成時即柔之，柔乃柔後腿。柔胯柔臀均可發

抬腿：有時用腿面抬之發。

提腿：提虛腿退之。

抄、掃：彼下盤穩固，可以意用腳抄之。並心以天地氣抄之，以不為彼知為妙。

轉：轉動全身各關節以代發勁，轉乃上下縱轉，且急轉，非緩轉。

抱肚：機勢一成，即隱身抱己之肚或足，意抱手不抱。

拔鞋退襪：用拔鞋退襪之勁發，有時用提頂吊檔之勁亦可。

【第八冊結束】*1996*年*11*月*24*日~*1997*年*11*月*29*日筆記
陳傳龍於*2018*年*1*月*11*日重新修潤整理完畢。

| 眾妙之門・中卷 | 4

太極拳透視

作　　者｜陳傳龍
發 行 人｜曾文龍
總 編 輯｜黃珍映
文字繕校｜林燦螢、黃珍映、薛明貞、沈盈良、鄭秀藝
美術設計｜劉基吉
圖片攝影｜吳文淇
出版發行｜金大鼎文化出版有限公司
臺北市 10688 大安區忠孝東路 4 段 60 號 10 樓
網　址：http://www.bigsun.com.tw
出版登記：行政院新聞局局版北市業字第 200 號
郵政劃撥：18856448 號／金大鼎文化出版有限公司
電　話：(02) 2721-9527　傳　真：(02) 2781-3202
製版印刷｜威創彩藝印製有限公司
總 經 銷｜旭昇圖書有限公司
地址：新北市中和區中山路 2 段 352 號 2 樓
電話：(02) 2245-1480

◆ 2019 年 1 月 第 1 版　◆ 定價 / 平裝 新臺幣 350 元
◆ ISBN 978-986-92310-8-4

著作權所有，翻印必究 All rights reserved.
如有破損或裝訂錯誤，請寄回本公司更換
Printed in Taiwan

國家圖書館出版品預行編目（CIP）資料

太極拳透視：眾妙之門 . 中卷 / 陳傳龍著 . -- 第 1 版 . -- 臺北市：金大鼎文化，2019.01-
冊；　公分
ISBN 978-986-92310-8-4(第 4 冊：平裝). --
ISBN 978-986-92310-9-1(第 5 冊：平裝). --
ISBN 978-986-97217-0-7(第 6 冊：平裝)

1. 太極拳

528.972　　107020349